Recu le 30 9bre 71
300 ex

ÉTUDE

SUR

LES CIMETIÈRES

A PROPOS DE LA CRÉATION

D'UN NOUVEAU CIMETIÈRE A BORDEAUX

PAR

LE Dʳ P. VERGELY

Médecin adjoint des hôpitaux de Bordeaux,
Professeur adjoint de Clinique interne; Membre de la Société de Médecine,
de la Société médico-chirurgicale, des Sciences physiques
et naturelles, de la même ville;
Membre de la Société micrographique de Paris.

BORDEAUX

IMPRIMERIE G. GOUNOUILHOU
11, RUE GUIRAUDE, 11

1871

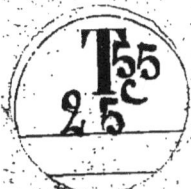

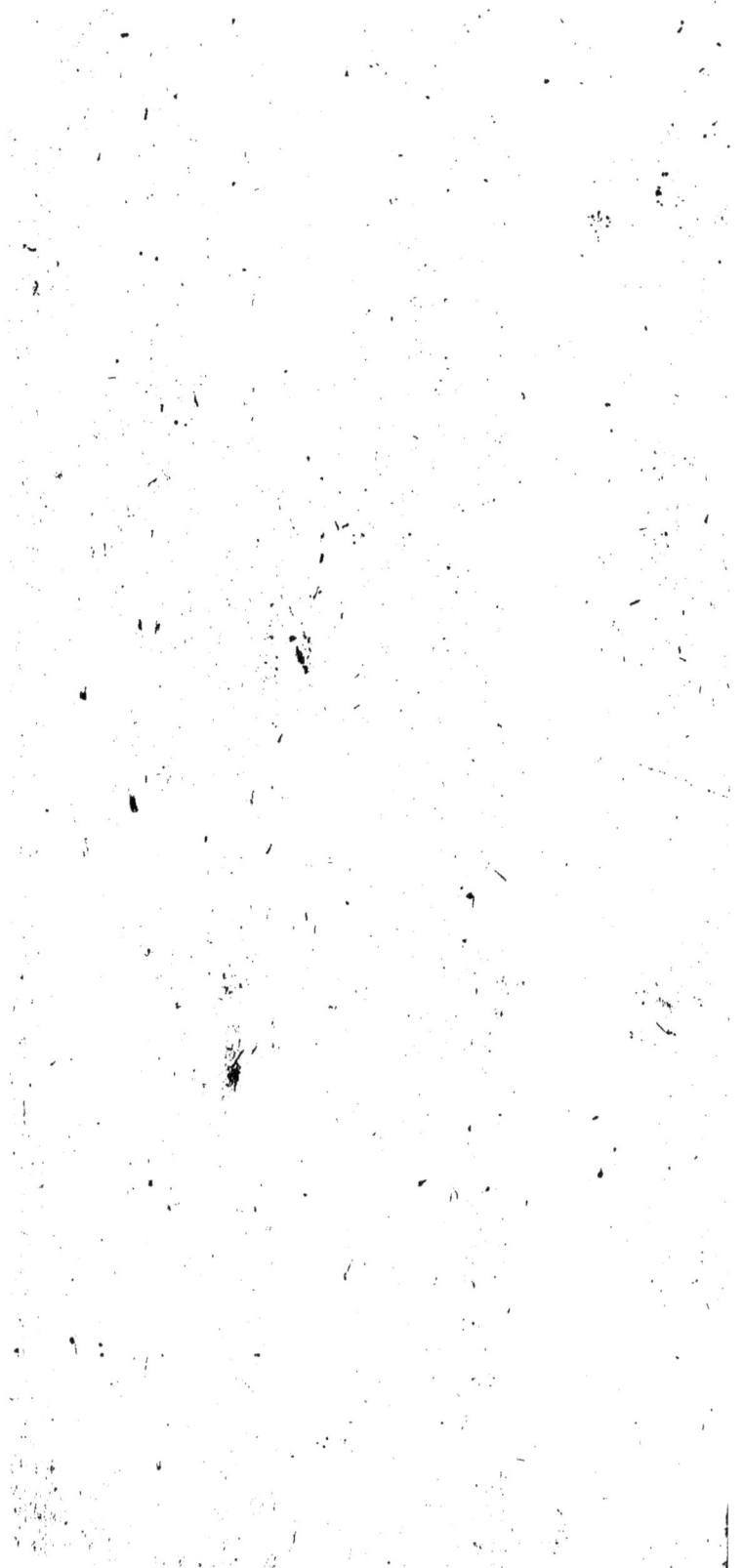

ÉTUDE SUR LES CIMETIÈRES.

ÉTUDE

SUR

LES CIMETIÈRES

A PROPOS DE LA CRÉATION

D'UN NOUVEAU CIMETIÈRE A BORDEAUX

PAR

LE Dʳ P. VERGELY

Médecin adjoint des hôpitaux de Bordeaux,
Professeur adjoint de Clinique interne; Membre de la Société de Médecine,
de la Société médico-chirurgicale, des Sciences physiques
et naturelles, de la même ville;
Membre de la Société micrographique de Paris.

BORDEAUX

IMPRIMERIE G. GOUNOUILHOU
11, RUE GUIRAUDE, 11

1871

ÉTUDE

SUR

LES CIMETIÈRES

PREMIÈRE PARTIE.

QUELQUES MOTS D'HISTORIQUE.

On retrouve, chez tous les peuples quelque peu civilisés, l'usage d'un culte rendu à la mémoire des morts. Il n'y a guère que certaines peuplades sauvages, presque toujours celles vouées à la vie nomade, qui abandonnent les cadavres humains aux animaux carnassiers et aux oiseaux de proie, ou les jettent soit dans un fleuve, soit à la mer, comme une pourriture inutile, comme un objet de crainte et d'horreur.

Dans l'antiquité, et de nos jours encore, quelques peuples offrent des exemples de cet abandon. Les Icthyophages troglodytes, rapporte l'histoire ancienne, jetaient leurs morts dans les lacs et les viviers pour nourrir les poissons qui leur servaient ensuite d'aliments. De nos jours, nous voyons une caste inférieure d'Indous exposer sur les bords du Gange les cadavres (quelques voyageurs ont même dit les agonisants), attendant que le flux vienne s'en emparer ou qu'un alligator dévore cette horrible pâture. Souvent le cadavre, livré au flux et au reflux, parcourt le fleuve dans une grande étendue, puis est ramené à terre par le flot, et sert enfin de proie aux vautours ou aux chacals. Alors, il arrive que, rassasiés par l'abondante nourriture que le fleuve leur apporte, ces immondes animaux laissent un certain nombre de cadavres sans y toucher ; c'est la putréfaction qui les détruit. Quel vaste foyer de méphitisme doit se former aux dépens de ces corps livrés en plein air à la pourriture ; on le conçoit !

Si on se laissait aller à croire les relations qui nous sont faites soit par des anciens soit par des modernes, nous aurions encore à signaler des funérailles plus singulières et plus barbares. Celles des Massagètes (1), tribu des Scythes, par exemple, qui tuaient leurs vieillards et mélangeaient leur chair avec celles des moutons pour en faire d'horribles festins. C'était, paraît-il, pour éviter à ceux qui vieillissaient le cortége de maux qui accompagne la décrépitude, et pour avoir, dans leur propre chair, un souvenir de ceux qu'ils avaient affectionnés. Je pourrais citer encore quelques exemples de peuples chez lesquels le culte des morts est singulièrement pratiqué, mais c'est le petit nombre. La plupart ont toujours entouré de respect et de soins les restes de ceux qui ne sont plus. L'histoire est pleine, à cet égard, de faits intéressants.

L'antiquité nous a transmis, sur les honneurs rendus aux morts et sur les sépultures, des renseignements que nous devons, à plus d'un titre, rappeler ici.

Chez les Grecs, le respect dû aux dépouilles mortel-

(1) *Dict. d'Hist. et de Géographie,* de Dezobry, t. II, p. 1743.

les était si grand, qu'on sait le terrible châtiment que les Athéniens firent subir à cet amiral Deomedon (1) qui, afin de mieux poursuivre sa victoire, négligea de recueillir les cadavres des combattants. Quoique, grâce à cette poursuite, il eût détruit la flotte spartiate et assuré, pour longtemps, la suprématie maritime aux Athéniens, il n'en fut pas moins condamné à mort. Achilles'attira l'indignation publique pour avoir refusé la sépulture aux restes du valeureux Hector.

En Grèce, les cadavres furent d'abord ensevelis; puis l'usage de les brûler se répandit, et les cendres des morts furent placées dans des urnes. L'inhumation hors des villes était ordonnée par la loi, et elle ne fut qu'exceptionnellement enfreinte. Plutarque rapporte que, chez les Sicyoniens, une antique loi leur défendait d'enterrer les morts dans l'enceinte de la ville. Il fallut une réponse favorable de l'oracle de Delphes (2), pour faire inhumer Aratus dans l'intérieur de la cité.

Les Déliens enterraient leurs morts, dit Strabon, dans une petite île déserte, à Rheneia; elle était située à quatre stades de Délos. A Athènes, au rapport de Tite-Live, il était rigoureusement défendu d'inhumer dans l'intérieur de la ville. Les habitants de la Chersonèse avaient à cet égard les mêmes usages. Lycurgue, n'imitant pas l'exemple de Cécrops et de Solon, autorisa l'inhumation dans les villes, sous prétexte d'accoutu-

(1) Voir Montaigne, *Essais*.
(2) Plutarque, p. 485, t. III, trad. de Ricard :
« Les Sicyoniens, qui regardaient comme un malheur public qu'il fût enterré ailleurs que dans leur ville, persuadèrent aux Achéens de leur céder cet honneur; et comme une ancienne loi, fortifiée encore par une crainte superstitieuse, *défendait d'enterrer personne dans l'enceinte de leurs murailles,* on envoya consulter la pythie de Delphes. »

mer la jeunesse spartiate au courage et à la bravoure en la familiarisant avec l'idée de la mort.

Les Egyptiens embaumaient non-seulement les riches, mais les pauvres : cet usage s'étendait jusqu'aux animaux; les corps embaumés étaient, en outre, placés dans des tombeaux construits loin des villes. Les cadavres n'étaient pas exposés à la putréfaction, grâce à cet usage. Ces momies, dont nous admirons encore la parfaite conservation, à cause de leur origine très ancienne, étaient préparées par des procédés dont Hérodote nous a laissé la très exacte et très curieuse description (1).

Chez les Hébreux, les cimetières devaient être écartés de la ville d'au moins cinquante coudées. Les morts y étaient mis dans des tombeaux taillés dans le roc (2). Les pauvres, les étrangers étaient enterrés dans des cimetières (3).

La crémation était-elle usitée chez les Juifs ? Il résulterait d'une controverse récente entre M. Lapeyrière et M. Dechambre, qu'aucun texte ne le prouve; si du moins on se range à l'opinion de M. Dechambre, qui repousse à cet égard les assertions du rédacteur de la

(1) Hérodote, liv. III, traduct. Larcher, page 171.

(2) Evangile selon saint Luc, XXX, 53 : Et l'ayant ôté de la croix, il l'enveloppa d'un linceul et le mit dans un sépulcre taillé dans le roc où personne n'avait été mis.

Evangile de saint Matthieu, 27 : Malheur à vous, Scribes et Pharisiens hypocrites, parce que vous êtes semblables à des sépulcres blanchis, qui au dehors paraissent beaux aux yeux des hommes, mais au dedans sont pleins d'ossements de morts et de toute sorte de pourriture.

(3) Evangile selon saint Jean, chap. XI, verset 38 et 44, chap. XXVII, v. 60; sépulcre taillé dans le roc, chap. XXVII, 7 : Et ayant délibéré là-dessus, ils en achetèrent le champ d'un potier pour la sépulture des étrangers, v° 60.

France médicale. Il existe bien dans la Bible quelques exemples de crémation (1), mais le fait est exceptionnel. Des règlements sévères, qui semblaient dictés par l'hygiène, leur défendaient de toucher aux cadavres, sous peine d'impureté. Enterrer les morts dans les maisons particulières, c'était les souiller; aussi les tombeaux étaient-ils fort loin des habitations.

Abraham, qui n'avait pas un pouce de terre en Palestine, y avait acheté de quoi bâtir un tombeau pour lui et sa famille (2).

Les Romains, tantôt enterraient les corps, tantôt les livraient à la combustion. Les textes abondent pour démontrer l'emploi de ces deux modes de destruction des cadavres. Il paraît même que l'usage d'enterrer les morts hors de la ville date des premiers rois de Rome, ainsi que le témoigne le texte cité par M. le docteur Tardieu, dans sa remarquable thèse des voiries et cimetières (3).

Cette prohibition, reproduite par la loi des Douze-

---

(1) Esaü, ch. XXX, v. 33 : Car Tophé est déjà préparée et même elle est apprêtée pour le roi; il l'a faite profonde et large; son bûcher, c'est du feu; il y a beaucoup de bois; le souffle de l'Eternel est comme un torrent de soufre qui l'embrase.

Samuel, liv. 1, ch. 31, v. 12 : Et tous les vaillants hommes d'entre eux se levèrent et marchèrent toute la nuit, et enlevèrent le corps de Saül et les corps de ses fils de la muraille de Beth-Scau, et ils revinrent à Jabès, où ils les brûlèrent.

(2) Genèse, XXV, 9 et 10 : Et Isaac et Ismaël, ses fils, l'enterrèrent en la caverne de Inaepéla au charnier d'Ephron, fils de Tsohar, Hethien, qui est vis à vis de Mamsé, qui est le champ qu'Abraham avait acheté des Héthiens; ce fut donc là que fut enterré Abraham, avec Sara, sa femme.

(3) *Hominem mortuum in urbe ne sepelito ne urito.*

Tables (1), s'est maintenue pendant toute la durée de l'empire romain. Des édits fréquemment renouvelés rappelaient le peuple au respect de la loi. La pénalité fut d'abord une amende de 40 pièces d'or. Théodose le Grand la porta à 50 pièces pour les complices d'une inhumation dans la ville, et ordonna la confiscation d'un tiers du patrimoine des principaux agents. A partir du ive siècle, on brûla ou on ensevelit les corps indifféremment. Les chrétiens, qui faisaient chaque jour de nombreux prosélytes, devaient changer ces hygiéniques coutumes. Jusqu'à l'arrivée du christianisme, les Romains brûlaient leurs morts dans les campagnes et disséminaient leurs tombeaux le long des grandes voies qui conduisaient à la ville. La voie Asinaria était surtout bordée de ces *sepulchrum*. Le *sepulchrum familiare*, le *sepulchrum commune* avec ces niches (*columbaria*), où étaient déposées les urnes cinéraires (*ollæ*), se trouvaient à côté de *tumulus*; plus loin, c'étaient de magnifiques *mausoleum* construits par des affranchis enrichis qui avoisinaient de modestes *conditorium* appartenant à d'illustres familles romaines.

L'hygiène trouvait son compte à cette dissémination des tombeaux et aux excellentes conditions suivant lesquelles ils étaient construits. Les chrétiens, qui n'écoutaient que leur zèle religieux, vinrent modifier d'une façon fâcheuse cet état de choses, et bientôt les prescriptions si sages de Justinien furent lettre morte. Ils cachèrent d'abord leurs morts dans les maisons particulières, puis dans les retraites sombres, *les catacombes*, où ils célébraient les mystères de leur culte. Enfin, le paganisme vaincu, ils n'eurent plus de motifs de crainte, et choisirent, pour déposer les morts, les

_____

(1) Voir Dalloz, art. *Culte*, p. 926.

environs des lieux sacrés, espérant qu'à l'abri des autels, près des restes des martyrs, ils bénéficieraient de quelques indulgences qui les sauveraient de l'enfer ou leur épargneraient le purgatoire. Puis on abandonna l'extérieur des temples pour pénétrer dans l'intérieur et y creuser des sépulcres. Alors les églises, aussi bien que les moindres chapelles, devinrent des foyers pestilentiels; l'autorité ecclésiastique, dont la puissance croissait tous les jours, fut obligée de promulguer divers canons pour arrêter les effets désastreux qui pouvaient résulter de la foi aveugle des chrétiens.

« Comme le dit Voltaire (1), dès les premiers siècles,
» quelques bourgeois avaient eu la vanité de changer
» les temples en charnier pour y pourrir d'une ma-
» nière distinguée. Je peux me tromper; mais je ne
» connais aucun peuple de l'antiquité qui ait choisi les
» lieux sacrés où l'on adorait la divinité pour en faire
» des cloaques de morts. » Le concile tenu à Brague,
en 563, défendit, dans le dix-huitième canon (2),
d'enterrer les morts dans les églises. « On n'en-
» terrera personne, y est-il dit, dans les églises;
» car si les villes ont le privilége qu'on ne puisse en-
» terrer les morts dans l'enceinte de leurs murailles, à
» plus forte raison doit-on observer la même chose
» dans les églises, à cause du respect dû aux corps des
» saints martyrs qui y sont renfermés. »
Dans plusieurs autres conciles, la défense fut rappe-

---

(1) Article *Enterrement, Dict. philos.*, édit. Didot, p. 500.
(2) Voir Vicq d'Azir, *Essai sur les dangers des sépultures*, tome VI, page 504 : Firmissimum usque nunc retinent hoc privilegium civitates Galliæ ut nullo modo intrà ambitum murorum cujuslibet defuncti corpus sit humatum... Placuit... corpora defunctorum nullo modo intrà basilicum sanctium sepelantur.

lée. En 794, Théodulphe, évêque d'Orléans, attirait l'attention de Charlemagne sur les abus des sépultures dans les églises, dont on avait fait *autant de cimetières*. Les autres prélats furent irrités contre Théodulphe : une querelle s'ensuivit, et ne fut terminée que par un nouvel article des Capitulaires de Charlemagne, qui privait les laïques de sépulture dans les églises. Plus tard, cette mesure fut appliquée aux membres du clergé.

Nous pourrions donner (1) ici la longue liste des canons de divers conciles qui défendaient en termes exprès l'inhumation dans les églises. Ils démontrent que les hauts dignitaires du clergé avaient compris tous les dangers qui s'attachaient à de pareilles coutumes. Les rituels et statuts synodaux contiennent à ce sujet une foule d'ordonnances. Dans le fameux synode de Toulouse, en 1076, il fut convenu de faire deux cimetières : l'un pour les évêques, l'autre pour le commun des mortels. Tous les conciles, entre autres celui de Bordeaux, tenu en 1624 (2), sont, dans leurs ordonnances, unanimes à défendre l'inhumation dans les églises. On pourrait croire que quelque idée de lucre dans le bas clergé entretenait cette résistance aux canons des conciles. Montesquieu (3), rapportant des textes de la juridiction ecclésiastique, dit que tout homme qui mourait sans donner une partie de ses biens à l'Eglise, ce qui s'appelait mourir *déconfès*, était privé de la communion et

(1) Voir Vicq d'Azir ; Tardieu.
(2) Deux conciles ont été tenus à Bordeaux, en 1553 et 1624. Ce dernier n'autorisait la sépulture dans les églises que pour les évêques, les curés, les réguliers et les patrons.
(3) *Esprit des lois*, édit. Didot, page 467. Saint Grégoire le Grand (conf. Thomassin I. C.) s'élève aussi contre cette vénalité de quelques évêques.

de la sépulture. Tout mort généreux était probablement récompensé d'un ensevelissement sous le maître-autel.

Malgré les édits, malgré les ordres cent fois répétés, on continua l'inhumation dans les villes et dans les églises. La superstition l'emportait sur tout. Il s'ensuivit que les églises étaient devenues de véritables charniers. On y entassait les morts les uns sur les autres. A ce point que les paroles de Voltaire sont parfaitement justes, quand il dit : « Vous entrez dans la cathédrale gothique de Paris, vous y marchez sur de vilaines pierres mal jointes, qui ne sont point au niveau ; on les a levées mille fois pour jeter sous elles des caisses de cadavres. Passez par le charnier qu'on appelle Saint-Innocent, c'est un vaste enclos consacré à la peste. Les pauvres, qui meurent très souvent de maladies contagieuses, y sont enterrés pêle-mêle ; les chiens y viennent quelquefois ronger les ossements ; une vapeur cadavéreuse, infecte, s'en exhale : elle est pestilentielle dans les chaleurs de l'été, après les pluies ; et presque à côté de cette voirie sont l'Opéra, le Palais-Royal, le Louvre des rois. On porte à une lieue de la ville les immondices des privés, et on entasse depuis douze cents ans dans la même ville les corps pourris dont ces immondices étaient les produits (1). »

Pour obvier à cet état de choses, il fallut enquêtes sur enquêtes, suppliques sur suppliques (1724, 1797, 1746, 1755) ; enfin, un arrêt du Parlement, du 25 mai 1765, ordonna et régla les sépultures hors Paris. Ni l'arrêt de 1765, ni un autre de 1776 ne furent exécutés. De véritables catastrophes ayant été causées

(1) Voltaire, *Dict. philosoph.*, art. *Enterrement*, édit. Didot.

par le charnier infect des Innocents, cet enclos consacré à la peste, il fut transporté hors de la ville en 1785. Depuis cette époque, les cimetières, dans les différentes villes de France, sont placés à peu près hors de la cité.

La législation actuelle qui régit les cimetières en France est celle du 23 prairial an XII (12 juin 1804). Cette loi défend toute inhumation dans les églises, temples, synagogues et autres lieux consacrés au culte, ainsi que dans l'enceinte des villes, bourgs et villages; décide qu'il y aura hors de ces centres d'habitation, et à la distance de 35 à 40 mètres au moins de leur enceinte, des terrains consacrés à l'inhumation des morts. Nous verrons plus loin combien ces articles laissent à désirer au point de vue d'une hygiène, même peu scrupuleuse.

Il ne faudrait pas croire cependant que les cimetières sont réellement placés hors des villes, en France. A Bordeaux, par exemple, le cimetière fait corps avec le quartier sud-ouest de la ville. Dans les campagnes, les sépultures entourent l'église, et les habitations des villageois les sépultures. La loi, quoique peu rigoureuse cependant, n'est donc qu'incomplètement exécutée.

Ce n'est pas chez nos voisins qu'il faudrait aller chercher des modèles de sépulture. En Angleterre, bon nombre de petites villes ont encore leurs cimetières dans le centre de la cité ; à Londres, ce n'est que depuis quelques années que les sépultures sont placées en dehors des murs.

L'un des principaux cimetières est celui de Kensall. Green. D'après M. Tardieu (1), les cimetières de Londres laisseraient encore beaucoup à désirer. Les uns sont à ciel ouvert, les autres sont dans les caveaux des églises.

(1) *Loco citato*, page 201.

Dans la plupart, l'encombrement est extrême, des cercueils sont à peine recouverts de quelques pouces de terre et les os sont épars à la surface du sol. A Saint-Marq-at-Hill (Tardieu, page 202), les cercueils sont entassés dans les caveaux, empilés les uns sur les autres, crevés, brisés, et laissant échapper les restes humains qui tombent dans les interstices laissés par ces caisses mortuaires.

En Allemagne comme en Suède, en Russie, les cimetières sont placés à quelque distance de la ville. Cette distance est presque toujours en rapport avec le nombre des habitants que contient cette ville et, par conséquent, avec l'étendue des cimetières.

Les sépultures italiennes me semblent mériter une mention plus étendue. Elles ont reçu le terme générique de *campo-santo*. Le premier campo-santo fut construit à Pise au douzième siècle, par Jean Pisan. Voici la description qu'on en trouve dans le *Voyage en Italie*, par Lalande (1) :

« Le cimetière de Pise, ou les charniers qu'on appelle *campo-santo*, est une des choses singulières de cette ville; c'est une cour de 450 pieds de longueur, environnée d'un vaste portique, bâtie en 1278, sur les dessins de Jean Pisan : il a soixante croisées ou arcades, qui sont d'un gothique très léger ; il est pavé de marbre, orné de peintures anciennes, et rempli de monuments.

» Le champ, appelé proprement *campo-santo*, qui est environné de ce beau portique, contient, dit-on, cinq brasses ou neuf pieds de terre sainte, apportée en 1218 de Jérusalem par les Pisans qui étaient allés secourir Frédéric Ier ; il sert de cimetière, et en vingt-quatre heures de

(1) *Voyage d'un Français en Italie fait dans les années 1765-1766*, par de Lalande, 1769, tome II, page 478, etc.

temps les corps y sont consumés; on assure en avoir fait une fréquente expérience dans la dernière guerre d'Italie. Autrefois, il ne fallait que vingt-quatre heures, actuellement on en passe quarante-huit; peut-être les alcalins dont cette terre avait été imprégnée sont-ils en partie évaporés. »

C'est à propos du cimetière de Pise qu'un fossoyeur disait des Allemands qu'il avait ensevelis : « En quarante-huit heures, toutes ces grasses bedaines de Germains étaient dévorées. » Le campo-santo de Pise est aujourd'hui réservé aux riches Pisans ou aux étrangers de naissance illustre. Le peuple est enterré dans un autre cimetière. Pourquoi cette exception ? Sa pourriture serait-elle moins à redouter que celle des grands ?

C'est à l'imitation du campo-santo de Pise qu'on a construit à Milan, à Naples, des cimetières qui consomment rapidement les cadavres.

« A Naples, dit M. Tardieu, on a creusé 366 fosses recouvertes d'une pierre, qu'on lève et qu'on scelle, après qu'on y a entassé des cadavres chaque soir, pour ne la rouvrir qu'un an après, jour pour jour. Jetés pêle-mêle dans cet immense trou, que l'on recouvre de chaux vive, nulle trace de vous n'existe plus sur terre (1). »

A Berlin, on a construit un cimetière sur le modèle du campo-santo (2).

Les Turcs enterrent leurs morts dans l'intérieur des villes et autour de leur enceinte. Les mosquées sont également entourées de turbés où sont enterrés les hauts personnages. L'usage de creuser des fosses peu

(1) Tardieu, *loco citato*, page 206.
(2) Projets de Fresque, pour le cimetière de Berlin, 1848, gravure.

profondes et de laisser une ouverture près de la tête du cadavre rend ces sépultures fort dangereuses. Le préjugé religieux est encore là en désaccord avec l'hygiène. La loi musulmane défend d'enterrer plus profondément les morts, pour qu'ils puissent, au jour de la résurrection, soulever la terre qui les recouvre. Les dangers de ce système d'inhumation sont un peu rachetés par la position des cimetières sur des collines élevées que balaie le vent. Ces collines sont plantées de cyprès qui deviennent superbes et couvrent de leur sombre feuillage le champ des morts. On nous a dit qu'à Constantinople bon nombre de Turcs avaient leurs sépultures devant leur porte, dans la ville.

Nous ne pouvons, à propos des cimetières turcs, nous dispenser de dire un mot sur les sépultures des Perses. Ces peuples ont conservé une habitude prise dès les temps les plus reculés, celle d'enterrer leurs morts; mais, depuis que l'islamisme les a fanatisés, ils y ont ajouté la fâcheuse coutume d'exhumer leurs cadavres pour les porter en terre sainte, c'est-à-dire à côté des cendres des grands imans. En conséquence, chaque année des milliers de cadavres sont exhumés et dirigés vers les lieux saints. Ces morts sont de toutes dates et de toutes époques; aucun procédé n'est mis en usage pour les garantir de la putréfaction. Les pauvres renferment les débris de leurs morts dans des caisses en bois, les riches dans des bières couvertes de cachemires. Une fois rendues à destination, ces bières, débarrassées de leur pourriture, servent, dans un but de lucre, à contenir des coings frais et des épices qui seront vendus dans les bazars.

Cette émigration de cadavres, ajoute M. le docteur Fauvel, le narrateur de ces coutumes, est accompagnée d'une foule de pèlerins persans qui viennent à Bagdad.

L'affluence est quelquefois considérable et le chiffre des pieux musulmans s'élève à quinze et vingt mille. Il résulte de là que des affections graves, la peste, le choléra se déclarent au milieu de ces fanatiques, qui sèment sur leur passage le fléau contagieux.

L'Espagne et les colonies hispano-américaines ont adopté un mode de sépulture particulier. Au dire des renseignements que nous avons recueillis, car les recherches que nous avons pu faire dans l'*Histoire de l'Espagne*, de Delaborde, le *Voyage en Espagne*, de Théophile Gautier, et divers itinéraires, ne nous ont donné, sur ce point, aucun enseignement, les Espagnols bâtissent de longues murailles assez épaisses, dans lesquelles sont ménagées des niches qui forment trois, quatre étages superposés. On introduit la bière dans une niche, puis on la ferme avec une pierre qu'on scelle au ciment. Cette disposition existe des deux côtés de la muraille. Chaque cellule est séparée de sa voisine par une cloison d'une très petite épaisseur : à Barcelone, cette épaisseur est celle d'une brique.

Ce procédé, qui aurait l'avantage d'offrir, en tenant peu de place, une vaste surface pour les sépultures, ne serait pas dépourvu d'inconvénients. Le ciment, les pierres ne sont pas toujours assez imperméables aux liquides cadavériques pour que ceux-ci ne trouvent une fissure pour s'échapper et infecter l'air : c'est du moins ce qu'a observé un témoin oculaire au cimetière de Lima. « L'air était infecté, me disait-il, et j'étais obligé de me fermer les narines chaque fois que j'y allais. »

Un autre genre de sépulture que M. Tardieu signale dans sa thèse, serait celui pratiqué à Joal (Sénégal), à 15 lieues de Dakar. Là se trouverait un cimetière dont le sol, composé d'écailles d'huîtres, aurait la

propriété de consommer les cadavres. Les renseignements pris soit auprès de gens nés dans le pays, soit
auprès de personnes qui ont habité le Sénégal, n'ont
confirmé la présence d'aucun amas de coquilles d'huîtres. S'il existe un tel cimetière, il ne peut qu'être très
restreint et réservé aux prêtres, aux marchands et aux
guerriers.

Quant aux *griotes* (chanteurs poètes), qui forment la
majeure partie de la population à Joal, ils ont coutume
d'attacher leurs morts à des arbres ou de les ensevelir
dans les cavités qui se sont formées dans de vieux arbres. Récemment même, une plainte aurait été portée
au gouvernement français par les colons, pour empêcher ces sépultures en plein air. A Saint-Louis, les nè-
gres sont enterrés sur le bord de la mer, à quelques
pouces du sol. Chaque fois que la mer est un peu forte,
les cadavres sont mis à découvert, et cette action, com-
binée avec un soleil ardent, un sol sablonneux et peut-
être aussi ces crabes nécrophages vulgairement appelés
tourlourous, consume rapidement les morts dont elle ne
laisse plus bientôt que des os blanchis.

Je ne pousserai pas plus loin cette revue, qui ne nous
donnerait aucun enseignement particulier; nous re-
trouverons chez les peuples asiatiques ce que nous
avons déjà vu chez les autres : tantôt l'ensevelissement
comme chez les Chinois, tantôt l'ensevelissement et la
crémation comme chez les Japonais.

DEUXIÈME PARTIE.

—

DANGERS QU'ENTRAINE LA PUTRÉFACTION POUR LA SANTÉ PUBLIQUE.

Le soin qu'ont apporté les anciens comme les modernes à se soustraire aux émanations des cadavres en putréfaction, montre que de tout temps on a reconnu le danger de ces miasmes délétères. L'observation apprit bien vite que la pourriture détermine chez ceux qui respirent son atmosphère des accidents d'une haute gravité. Egyptiens, Grecs, Hébreux, Romains, etc., témoignent de leurs craintes à ce sujet par les lois et les édits sévères qui prescrivent, quelques heures après la mort, la crémation, l'embaumement des cadavres ou leur ensevelissement dans des fosses profondes et loin des villes.

Grâce à ces mesures hygiéniques, on ne trouve guère dans les temps anciens d'accidents produits particulièrement par les sépultures. C'est à une époque plus moderne que l'oubli des règles d'hygiène amène de tristes catastrophes qui se sont plus d'une fois renouvelées.

Quelques citations nous prouveront combien les anciens redoutaient les émanations cadavériques. Aristote donne avis à Alexandre de se retirer promptement, après la défaite de Darius à Arbelles, pour éviter les

malignes influences des cadavres (1). Galien déclare
que la cause de la peste gît dans les décompositions
organiques à l'air libre (2).

Les Romains étaient tellement persuadés du danger
qu'on encourait en approchant les cadavres, que, chez
eux, la profession de porteur de morts était exercée par
des esclaves à demi-rasés *inscripti* (3). Ces esclaves
étaient également employés aux mines et aux vidanges
des fosses d'aisances. Ætius, Avicenne, cités par Fernel,
attribuent la fièvre pestilentielle à l'empoisonnement
de l'air par les émanations cadavériques. Je pourrais
joindre à ces autorités celles plus modernes de F. Hoff-
mann, de Fernel (4), de Lancisi (5), etc. Il serait facile d'accumuler ici un plus grand nombre de noms et
de citations, qui prouveraient combien cette opinion
était accréditée, même avant toute observation.

J'en arrive aux faits qui montreront les dangers im-
médiats qui accompagnent les exhumations ou les bouleversements de terrains consacrés autrefois à des sépultures humaines. Ces faits sont très nombreux; ils
ont été mainte et mainte fois l'objet de citations diverses. Je me contenterai donc de rappeler ici les plus
probants, ceux qui ont pour garantie d'avoir été observés par des médecins intelligents et honnêtes. Quel-

(1) Vicq d'Azyr, *loc. cit.*, t. VI, p. 322.
(2) *De Febribus.*
(3) Martial : Quatuor inscripti portabant vile cadaver,
   Accepit infelix qualia mille rogus.
(4) *Johannis Fernelii universa Medica*, apud Samuellem
de Tournes, pag. 539 : « Aeris quoque inquinamenta, palu-
dibus, lacubus, antris, specubus, hominum animantiumque
cadaveribus aut excrementis, aut ex aliis gravioribus expi-
rationibus sunt contracta. »
(5) Lancisii opera varia : « Dissertatio de nativis atque
adventitiis. »

ques observations, sans avoir été rapportées par des médecins, méritent cependant toute créance, parce qu'elles étaient de notoriété publique et qu'elles ont été racontées d'une façon identique par divers auteurs. De ce nombre est l'épidémie qui sévit dans l'armée de Pompée auprès de Durazzo, et qui fut causée par la putréfaction des chevaux morts laissés en pleine campagne; Lucain, dans sa *Pharsale*, en a fait un récit saisissant. Ammien Marcellin raconte un fait semblable survenu dans le camp de Constantin le Grand. Diodore de Sicile parle de maladies pestilentielles amenées par la putréfaction de diverses substances.

Saint Augustin (1) raconte l'histoire d'une peste causée par les exhalaisons de cadavres de sauterelles qui, rejetés par la mer, se putréfièrent à l'air libre sur le rivage.

Forestus et J. Wolf ont vu une épidémie de fièvre pestilentielle grave provoquée par des poissons pourris sur le rivage. Des faits de même nature ont été observés dans les pays traversés par de grands fleuves exposés à des crues subites, et qui laissent, en se retirant, un grand nombre de poissons ou d'animaux aquatiques qui se putréfient rapidement et répandent des exhalai-

(1) Saint Augustin, *Cité de Dieu*, t. 1, liv. III, chap. XXXI, traduit par Pierre Lombes. Paris, 1675. — « Les historiens rapportent que l'Afrique étant déjà une des provinces de l'empire romain, on y vit une prodigieuse quantité de sauterelles qui, après avoir brouté tous les fruits et toutes les feuilles des arbres, vinrent fondre dans la mer en forme d'une épaisse et effroyable nuée; et que la mer les ayant rejetées mortes sur le rivage, l'air en fut tellement corrompu que dans le seul royaume de Massinissa la peste fit mourir quatre-vingt mille hommes et beaucoup davantage dans les lieux maritimes; et dans Utique, de 30,000 soldats qu'ils étaient, il n'en resta que dix. »

sons infectes. Ambroise Paré (1) a conté l'histoire d'une baleine jetée sur les côtes de Toscane, et qui, se pourrissant, donna la peste. Lancisi affirme que les exhalaisons d'un bœuf en putréfaction firent périr un voyageur en Toscane.

J'arrive aux faits survenus uniquement dans les cimetières auprès des cadavres humains. On verra que leur putréfaction est tout aussi nuisible que celle des poissons, bœufs et autres matières organiques. — Ramazzini (2) rapporte la mort d'un fossoyeur qui fut frappé en essayant de dépouiller un cadavre.

Il avait dit plus haut en parlant des fossoyeurs :

« Les fossoyeurs, en descendant dans ces lieux infects, pleins de cadavres à demi pourris, et en y apportant de nouveaux, sont sujets à des maladies dangereuses, surtout aux fièvres malignes, aux morts subites, à la cachexie, à

---

(1) Ambroise Paré, liv. XXII, ch. III. — « Or, la mer laisse quelquefois grande quantité de poissons à sec, quand les gouffres ou ouvertures de la terre faits par le mouvement d'icelle s'emplissent d'eau, on quand le flot de la mer laisse les grands poissons en estat sortis du profond : ainsi que de notre temps une baleine fut putréfiée en la coste de la Toscane, et amena la peste par tout le pays. »

(2) Un de ces hommes, nommé Pistou, avait inhumé un jeune homme bien habillé et avec une chaussure neuve. Quelques jours après, trouvant, vers le midi, les portes du temple ouvertes, il alla à son tombeau, dérangea la pierre qui le fermait, y descendit, et voulant ôter les souliers du cadavre, il tomba mort et fut ainsi puni d'avoir violé le lieu sacré.

En été, il règne souvent dans les temples une odeur infecte qui incommode les assistants. La grande quantité des tombeaux et leur ouverture fréquente en est la cause, malgré la myrrhe et l'encens qu'on y brûle. — Ramazzini, *Essai sur les maladies des artisans*, trad. de Fourcroy, 1757, p. 203-207, etc.

l'hydropisie et aux catarrhes suffocatifs. Leur visage est toujours cadavéreux, leur aspect triste comme à des hommes qui ont un commerce avec l'enfer..... Le sort de ces malheureux est très à plaindre ; je n'ai vu aucun fossoyeur vivre vieux. »

A Montpellier, trois hommes moururent dans le caveau d'une église ; le quatrième eut grand peine à se soustraire à la mort : il devint gravement malade ; ses vêtements et sa personne exhalèrent pendant plusieurs jours une odeur cadavéreuse. Vicq d'Azyr, qui rapporte ce fait dû à Haguenet, ajoute en note, page 325 :

« M. Bérard rapporte que le cadavre d'une personne très grosse n'avait été inhumé qu'à un pied et demi de profondeur, de manière qu'on ne put le couvrir que d'un pied de terre et d'une pierre haute de sept à huit pouces. Bientôt, les vapeurs qui sortirent en abondance obligèrent de le déterrer. Trois fossoyeurs entreprirent cet ouvrage. Deux, attaqués de maux de cœur et de vomissements violents, quittèrent l'ouvrage, et le troisième, qui voulut le terminer, mourut dix jours après. On lit dans le journal de M. l'abbé Rozier, qu'un fossoyeur, en travaillant dans le cimetière de Montmorency, donna un coup de bêche sur un cadavre qui y avait été enterré un an auparavant, et qu'il fut aussitôt renversé par les vapeurs qui s'en élevèrent (*Obs. phys.*, t. I). »

Un vieux cimetière, à Riom, en Auvergne, est soulevé, bouleversé ; une épidémie en est la conséquence, et se montre surtout sévère au voisinage du cimetière.

La ville de Lectoure fut affligée en 1744 d'une maladie épidémique qui fit périr près d'un tiers de ses habitants ; on en attribua la cause à un vieux cimetière où on avait fait des travaux profonds (Raulin, *Obs. de med.*) (1). La *Gazette de Santé* du 10 février 1744 rap-

(1) V. Art. *Exhumation*, page 190 du *Dictionnaire* en 60 vol.

porte que le seigneur d'un village, à deux lieues de Nantes, étant mort, on dérangea plusieurs cercueils pour lui donner une place plus honorable. Une odeur des plus fétides se répandit alors dans l'église. Quinze des assistants moururent peu de temps après : les quatre personnes qui avaient remué les cercueils succombèrent les premières, et six curés présents à cette cérémonie manquèrent de périr (1).

Un dernier exemple (2) : le 17 août 1744, sur les six heures du soir, on fit l'inhumation du sieur Guillaume Boudon, pénitent blanc, dans une des caves communes de l'église paroissiale de Notre-Dame, à Montpellier. Pierre Balsalgette, portefaix, fut employé pour le descendre dans le caveau. A peine y fut-il entré qu'on le vit agité par des mouvements convulsifs, et bientôt s'étendre sans mouvements. Le père Joseph Sarrau s'offrit à descendre pour sauver le malheureux. Mais, dès qu'il eut atteint le portefaix, il perdit la respiration. On le retira à demi mort. Bientôt il reprit ses sens; mais il lui resta une espèce de vertige et d'étourdissement, avant-coureur des mouvements convulsifs et des défaillances qui se manifestèrent un quart d'heure après. Il éprouva pendant toute la nuit des faiblesses, des tremblements dans tout le corps et des palpitations qui disparurent par le moyen d'une saignée et de quelques cordiaux. Il fut longtemps pâle et défiguré, et il porta depuis dans toute la ville le nom de ressuscité.

Cependant, un autre frère, Jean Molinier, voulut secourir le portefaix, mais à peine fut-il entré dans le caveau qu'il se sentit suffoqué et fit signe qu'on lui don-

(1) Raulin, *loco citato*.
(2) Vicq d'Azyr, *loco citato*, remarques du traducteur, page 340.

nât la main pour le retirer. Il en sortit faible et défait; un instant de plus lui aurait coûté la vie. Robert Molinier, plus vigoureux que son frère, se fiant sans doute à sa force, voulut descendre an fond du caveau : il mourut aussitôt. Cette scène tragique fut terminée par la mort de Charles Balsalgette, frère du portefaix. Il arriva jusqu'au fond du tombeau; mais comme il fut obligé de ranger le corps de Robert Molinier, il resta plus longtemps qu'il n'aurait dû, et l'impression qu'il sentit le força de se retirer et de sortir. Il crut qu'à la faveur d'un mouchoir imbibé d'eau de la reine de Hongrie, et mis entre les dents, il se garantirait du danger. Il descendit une seconde fois. Cette précaution fut inutile; on le vit bientôt regagner l'échelle en chancelant, faire des efforts pour remonter, et au troisième échelon tomber à la renverse sans donner aucun signe de vie.

On se servit de crochets pour retirer les trois cadavres. Leurs habits exhalaient une puanteur horrible, et ils étaient couverts d'une matière verte, jaunâtre, et semblable à de la rouille.

Des accidents d'une autre nature ont été encore observés chez des fossoyeurs qui se sont exposés à ces vapeurs méphitiques. — Fourcroy, le traducteur de Ramazzini, cite le fait suivant, à la page 310 :

« Nous avons eu occasion de faire une observation d'une maladie semblable dans un fossoyeur qui, étant imprudemment decendu dans une fosse qu'il venait d'ouvrir, sentit, au bout de quelques heures qu'il y resta, une douleur incommode à la poitrine; bientôt, il s'aperçut qu'elle était couverte de pustules. On le bassina avec une infusion de sureau et un peu d'eau-de-vie. Au bout de huit jours, formation d'un abcès à la poitrine, puis à l'aisselle; puis, guérison après expectoration de pus et de sang (1). »

(1) Ramazzini, *loc. cit.*; note par Fourcroy, p. 310.

Un fait du même genre est arrivé dans notre ville ; il mérite, à plus d'un titre, d'être cité.

En 1850, MM. les docteurs Fasilleau et Lafargue, assistés du docteur Th. Cuigneau, sont chargés de faire l'autopsie judiciaire d'un homme qui avait succombé à une opération pratiquée par une femme charlatan sur une tumeur lipomateuse qu'il portait à l'angle supérieur de l'omoplate droite.

L'exhumation fut faite après trois jours d'inhumation. Lorsqu'on procéda à la nécropsie, le temps était très chaud et chargé d'électricité ; en outre, le cadavre fut porté dans une petite salle munie d'une porte et d'une fenêtre donnant sur le cimetière. Le cadavre était en pleine putréfaction ; la face, méconnaissable, était bouffie, noirâtre, un liquide fétide s'échappait de la bouche. L'épiderme, soulevé çà et là, formait de grosses bulles pleines d'une sérosité violacée. M. Lafargue pratiqua l'autopsie, elle démontra que le sujet avait succombé à l'infection purulente (abcès viscéraux). La puanteur qui accompagna cette opération fut si grande, que les vêtements restèrent imprégnés plusieurs jours de cette odeur, et qu'on eut grand peine à les en débarrasser. Dès le soir même, le docteur Fasilleau, qui avait été simple spectateur de la nécropsie, fut pris d'accidents graves. Quelques jours après, il succomba le corps couvert de tâches noirâtres (taches gangréneuses ?). Le docteur Lafargue ne dut probablement son salut qu'à une diarrhée abondante pour laquelle il fit une longue convalescence. Un commissaire de police, présent à l'autopsie, fut également atteint d'une violente diarrhée. Le docteur Cuigneau, plus jeune, ne fut que légèrement indisposé.

Il n'est pas toujours nécessaire d'être descendu dans les fosses sépulcrales, d'avoir pratiqué des autopsies, pour être frappé des conséquences funestes des vapeurs méphitiques. J'ai rapporté, à la première partie de ce travail, les observations de M. Fauvel sur les dangers auxquels sont exposés les pèlerins persans portant leurs cadavres auprès des tombeaux des imans. Ici ce n'est plus dans un endroit clos, mais en plein air, que la putréfaction s'accomplit; et, quoique cet air soit incessamment renouvelé, les vapeurs méphitiques qu'il contient n'en agissent pas moins sur la foule pieuse des pèlerins, et tour à tour la dyssenterie, la peste, le choléra y font de nombreuses victimes, dont les cadavres vont devenir autant de foyers qui infecteront les villes voisines. Plus tard, ces miasmes traverseront de vastes plaines arides, et porteront la mort jusque dans le continent européen.

Dans quelques circonstances, à travers la terre, les émanations cadavériques ont pu causer des accidents, le typhus. Michel Lévy (1) rapporte, d'après Quesnay, « qu'une tente du 47ᵉ de ligne était un tel foyer de typhus, que presque tous les soldats qui l'habitaient devenaient victimes de la maladie ; en fouillant le sol, on trouva sous la tente même les cadavres de plusieurs soldats anglais enterrés là après la bataille d'Inkermann, c'est-à-dire plus d'un an auparavant; cette cause enlevée, le typhus ne se reproduisit pas. » A Mayence, à Torgau, à Witna, à Sarragosse, après tous ces sauvages égorgements, des cadavres mal enterrés produisirent le typhus, des dyssenteries épidémiques graves.

« Il semble ainsi, dit Griesinger (2), que les émanations putrides intenses peuvent donner lieu à une modification

(1) *Traité d'hygiène*, tom. II, 5ᵉ édition, page 830.
(2) *Traité des maladies infectieuses*, traduit par Lematre, page 371, année 1868.

générale de l'organisme et développer par suite une maladie semblable à la peste : c'est ainsi que l'on a vu la véritable peste se développer en Egypte, dans le voisinage d'un cimetière dont la terre avait été récemment remuée...... Bien plus, dans les quartiers populeux du Caire, qui furent toujours décimés à un si haut degré, on voyait des cas de peste se développer après la démolition d'une maison, alors que les morts étaient en grande partie enterrés dans les maisons elles-mêmes, en partie dans l'épaisseur de leurs murailles ou dans le sous-sol. »

Dans le chapitre où l'auteur traite des causes du choléra, il dit :

« Les émanations putrides des excréments humains et animaux, les gaz des fosses d'aisances, paraissent surtout favoriser la fixation et la reproduction du miasme cholérique......... La malpropreté des maisons, des rues, etc., l'accumulation d'ordures, de détritus organiques *ayant subi la décomposition putride ou prêts à la subir*, etc., tout cela constitue une cause adjuvante puissante pour le choléra ; beaucoup de faits prouvent l'activité de cette circonstance ; c'est ainsi que la maladie sévit avec violence et isolément dans les endroits où se trouvent des cloaques putrides, des bourbiers fangeux, des étables mal tenues, des *cimetières intérieurs*, des amas de détritus domestiques. » (Pages 434 et 439.)

Nous trouverions vingt faits pour un qui prouveraient avec évidence le danger des émanations putrides à travers le sol. Je cite, pour en finir, deux autres observations tirées de l'ouvrage de Scipion Piattoli, traduit par Vicq d'Azyr (1) :

« On creusait des souterrains à Paris dans l'église de

(1) *OEuvres complètes de Vicq d'Azyr*, édit. Moreau de la Sarthe, tome VI, page 826.

Saint-Eustache, ce qui obligea de déplacer quelques cadavres et de mettre ceux qui survinrent alors dans une cave qui avait été longtemps fermée. Des enfants, qui allaient au catéchisme dans le voisinage de cette cave, en furent incommodés; les mêmes symptômes se montrèrent aussi chez plusieurs adultes. M. Ferrent, docteur régent de la Faculté de Paris, fut chargé d'en faire un rapport. Il trouva que la respiration était très gênée chez ces malades; que l'action du cerveau était très troublée; que le cœur battait irrégulièrement, et que quelques-uns éprouvaient des mouvements convulsifs dans les bras et dans les jambes.

» Un emplacement où avait été situé un couvent de filles à Sainte-Geneviève, à Paris, fut destiné dans la suite à la construction de plusieurs boutiques. Tous ceux qui les habitèrent les premiers, surtout les plus jeunes, souffrirent à peu près les mêmes maux, que l'on attribua avec raison aux exhalaisons des cadavres enterrés dans ce terrain.

» Un médecin attentif, en faisant des recherches sur les causes d'une épidémie à Saulieu, en Bourgogne, et en s'attachant scrupuleusement à la suite et à l'ordre des faits, a démontré que la contagion provenait de quelques cadavres inhumés dans la paroisse de Saint-Saturnin. »

Ainsi, en s'appuyant sur des autorités, médicales ou non, on trouve dans les temps les plus reculés, et chez divers peuples, la ferme croyance des dangers des émanations putrides. Des faits nombreux, dont l'authenticité est garantie par le nom des hommes qui les ont observés ou qui les ont rapportés, prouvent que les cadavres laissent échapper des gaz méphitiques redoutables non-seulement quand la pourriture s'accomplit sans entraves et en plein air, mais encore quand elle s'effectue à plusieurs pieds sous terre, dans des fosses, et que les cadavres ont été enfermés dans des bières. Cette croyance est de nos jours celle du vulgaire et aussi celle d'une foule d'hygiénistes qui ont un grand nom dans la science, les Michel Lévy, les Tardieu, en France.

Je ne sache pas que nos voisins les Italiens, qui ont fait, il y a deux ou trois ans, de si remarquables travaux sur les dangers des rizières de la Lombardie, que les compatriotes de Lancisi ne regardent pas les émanations putrides comme très nuisibles à la santé de l'homme. J'en dirai autant des Anglais, auxquels nous devrions emprunter bien des mesures hygiéniques. Je ne vois pas que les Allemands, dont l'hygiène laisse cependant si fort à désirer, ne pensent qu'il y a un danger à s'exposer aux miasmes putrides. Cette opinion de l'innocuité des exhalaisons provenant des matières en putréfaction a été cependant soutenue, et par plus d'un auteur. Je vais les citer. (Voir Michel Lévy, page 876.)

Les docteurs Warren et Parent-Duchâtel et regardent les professions de boucher, d'équarrisseur, de garçon d'amphithéâtre, de tanneur, de boyaudier, de mégissier, d'égoutier, de vidangeur, de fossoyeur, comme indemnes de tout danger.

Dans les épidémies de fièvre jaune, à Boston (1798), à Philadelphie (1795), les bouchers placés au centre du quartier ravagé n'ont offert la première fois qu'un cas, la seconde que trois, sur cent. Il n'y a là rien d'étonnant, ce me semble : la profession de boucher n'expose pas sérieusement aux émanations putrides; en outre, ces gens-là prennent une nourriture très substantielle à laquelle est due en partie la fraîcheur de leur teint, leur vigueur proverbiale. Nous croyons que ce sont de bonnes conditions pour bien résister à l'action des miasmes, quels qu'ils soient. J'ajouterai que la fièvre jaune est rare à Philadelphie, qu'elle n'y vient que tous les vingt ans, et qu'elle s'y montre toujours légère. Il faut noter aussi que cette maladie, dans le pays où elle est redoutable (les Antilles), se borne à frapper quelquefois un quartier, une rue, en respectant celles qui l'avoisinent. Iorg dit que l'immunité est acquise à la Havane dans les maisons de campagne, près de la mer. Bailly (1) a affirmé que dans la terrible épidémie de Tortosa il suffisait de passer un pont pour être complétement protégé. En prenant connaissance de ces caprices du miasme de la fièvre jaune, on s'expliquera la contradiction entre Warren, Parent-Duchâtelet qui ont vu les bouchers échapper à la maladie, et Griesinger qui a remarqué que les forgerons et les bouchers sont frappés de préférence.

Les chandeliers, les savonniers, au dire de Bancroft, sont épargnés par les épidémies.—C'est fort possible; je ne vois pas pourquoi ils en seraient victimes. — La graisse des fabricants de chandelles est loin d'être fétide, et surtout d'offrir des phénomènes de fermentation putride. Quant aux savonniers, la lessive recuite les expose seule à quelque danger. Or, quand elle n'est pas conduite à la mer ou à la rivière par des canaux souterrains, elle est renfermée loin de la fabrique dans des fosses cimentées et pouvant se fermer complètement.

Faut-il s'étonner que les ouvriers mégissiers ne soient pas malades? D'abord, ils ne sont pas exposés à la véritable putréfaction. Les peaux fraîches, à leur arrivée dans l'usine, sont jetées dans de l'eau de chaux. Les eaux grasses provenant de la macération des peaux vertes sont portées par des canaux souterrains dans des eaux courantes.

Russ et Clarke attribuent aux fossoyeurs une immunité contre les fièvres malignes. Sur quoi s'appuie cette

(1) Voir Griesinger, *loco citato*, p. 96.

assertion? Qu'est-ce que ces auteurs entendaient par fièvres malignes? Ce n'est pas, comme nous l'avons déjà
dit plus haut, l'opinion de Ramazzini.

Pour notre compte, nous avons eu occasion de voir
quelques fossoyeurs et de les interroger; voici ce que
nous avons appris. Ils étaient au nombre de cinq, exer-
çant depuis sept ans leur funèbre profession; ils n'é-
taient que rarement malades. Des rhumatismes, des
bronchites dus à l'humidité des terrains dans lesquels
ils travaillent avaient été jusque-là leur seule maladie.
Je fus frappé, néanmoins, de l'uniformité de leur aspect.
Ils étaient maigres, jaunes, et se livraient à leur travail avec lenteur. La façon dont ils se servaient de leur
bêche, leur marche, dénotaient une certaine faiblesse.
C'étaient des gens sobres, et aucun n'avait jamais été pris
en flagrant délit d'ivrognerie. Un surveillant en chef
m'assurait que ces pauvres gens ne vivaient pas longtemps. Q'importe que les fièvres malignes ne les enlè-
vent pas? Si une intoxication graduelle, insidieuse,
abrége leur vie, le danger du méphitisme reste démontré.

D'ailleurs, quand la maladie épargnerait ceux qui
s'exposent aux émanations putrides, n'y pourrait-on
pas voir la résistance qu'acquièrent quelques individus
robustes, qui se sont accoutumés au poison, et deviennent aptes à le braver impunément dans une certaine
mesure?

Cette accoutumance à la putréfaction est un fait
d'observation journalière pour les médecins : peu
à peu, lentement, ils s'habituent à l'hôpital, à l'amphithéâtre de dissection. Les dégoûts, les troubles
digestifs qu'ils éprouvent à leur entrée, et qui ne leur
permettent pas de faire un long séjour dans ces lieux,
où s'exhalent nécessairement des miasmes, diminuent,

Ils peuvent y demeurer plus longtemps, et enfin y travailler de longues heures sans en éprouver de graves inconvénients. Cependant, les plus endurcis ne sont pas sans ressentir, de temps à autre, quelques accès de fièvre, des embarras gastriques, une dyspepsie complète, avec malaise général, perte des forces.

Quand les médecins, par des excès de travail et une habitation prolongée dans les amphithéâtres et les hôpitaux, dépassent la dose de méphitisme que l'accoutumance leur a permis d'absorber, ils tombent sous la loi commune : des accès de fièvre pernicieuse, la fièvre typhoïde, des gastro-entérites typhoïdes les conduisent au tombeau ; Bichat en est une illustre preuve. Quand ils ne succombent pas à ces affections, on les voit devenir la victime des maladies épidémiques régnantes, qui ont nécessité leurs généreux efforts. « Les individus affaiblis, » épuisés par une cause quelconque, sont plus prédisposés au typhus, dit Griesinger (p.153).

En Crimée, les médecins avaient d'abord bien résisté à la maladie; bientôt, obligés de subvenir à un travail excessif, le typhus en fit de nombreuses victimes; c'est ainsi qu'en 57 jours, 603 infirmiers, sur 800, et plus de 80 médecins militaires, furent atteints par le mal et périrent.

Il me semble que pareille chose peut arriver pour la population d'une grande ville qui possède à ses portes, dans son enceinte, un vaste cimetière, c'est-à-dire un vaste enclos où des cadavres sont livrés dans la terre à la pourriture. Cette pourriture imprègne la terre de ces liquides qui laissent échapper dans l'air des miasmes organiques redoutables. Fréquemment, l'activité du poison est avivée par les exhumations, qui mettent à l'air d'horribles débris humains putréfiés de toutes dates et de toute époque. Si le vent souffle dans la direction de la ville, il porte sur ses ailes le miasme, qui va prendre encore de nouvelles forces au contact des fosses d'aisances, des urinoirs répandus dans la ville, et qui exhalent sans cesse des produits ammoniacaux.

En temps ordinaire, la population des villes, qui est un peu accoutumée aux miasmes, ne semble pas trop, en apparence, incommodée par ces vapeurs putrides des cimetières. Mais que des circonstances diverses : variations brusques de l'atmosphère, maigres récoltes, troubles politiques, viennent modifier en mal les conditions dans lesquelles elle se trouve, et le méphitisme des cimetières viendra aggraver les maladies régnantes, peut-être même favoriser le développement d'une maladie épidémique.

Ce ne sont pas là de simples assertions. J'ai cité plus haut des exemples prouvant l'aggravation des maladies régnantes, la production de véritables épidémies après des exhumations, après des bouleversements de terrains qui avaient autrefois servi à des cimetières, enfin un nombre plus grand de malades au voisinage du lieu consacré aux sépultures. A Bordeaux même, notre confrère et ami, M. le docteur Méran, a remarqué dans ses tableaux de mortalité que les fièvres typhoïdes et les angines couenneuses avaient sévi « surtout dans le voisinage des cimetières, des marais. » (*Union médicale* de Bordeaux, 1868, p. 689.) En 1869, M. Méran fait encore les mêmes remarques.

Les dangers qui peuvent être causés par les exhalaisons cadavériques sont tantôt une intoxication aiguë, tantôt une intoxication lente. Un certain nombre de cas de mort me paraît devoir être rapporté plutôt à une asphyxie due au séjour dans un espace contenant une forte quantité d'acide carbonique, gaz impropre à entretenir les fonctions de l'hématose. C'est dans ce groupe qu'il faut ranger bon nombre de ceux qui ont péri subitement en voulant dépouiller des morts. L'imagination aidant, on a vu ces profanateurs retenus au bord du sépulcre par la main froide et décharnée du cadavre. Grégoire de Tours et autres ont cité de ces morts subites comme un exemple de la justice divine. Pour ceux qui ne sont pas dans les secrets de la justice divine, ils les regardent, jusqu'à nouvel ordre, comme des exemples d'asphyxie par l'acide carbonique.

M. Pellieux, chimiste (1), qui a fait des recherches sur les gaz méphitiques des caveaux, a remarqué que certains caveaux étaient plus dangereux que d'autres. Voici le résumé de quelques-unes de ses observations :

Dans le cimetière du Nord, dans un caveau de pierre de taille contenant des corps et fermé hermétiquement, il a vu, après une ouverture de *vingt-quatre heures* une bougie s'éteindre à 1 mètre, et un oiseau s'asphyxier rapidement. MM. Aumalle et Pellieux ne purent y descendre; le fossoyeur qui y avait pénétré ressentit de la pesanteur sur les yeux, qui étaient injectés, sa bouche était sèche; il avait des bourdonnements dans les oreilles et l'aspect asphyxique. Plusieurs personnes, pour avoir prié dans des chapelles placées au dessus de caveaux, ont éprouvé des lourdeurs de tête, de la fatigue dans les yeux, un sentiment général de malaise.

Dans une chapelle appartenant à la famille Bellaud, située à la 30e division, les dorures étaient toutes ternies, quoiqu'il n'y eût pas un seul cadavre dans le ca-

(1) Observations sur les gaz méphitiques des caveaux mortuaires des cimetières de Paris. — Augustin Pellieux, chimiste, *Annales d'hygiène de Paris,* t. IV, p. 127.

veau situé au dessous et qu'il n'en eût même jamais contenu.

Dans les cimetières de l'Est et du Sud, M. Pellieux a fait les mêmes remarques. — Les ouvriers employés à consolider les carrières qui s'avancent au-dessous du cimetière du Sud ne peuvent y séjourner longtemps sans éprouver un malaise général.

M. Pellieux y a constaté la présence de gaz acide carbonique, de sulfydrate et de carbonate d'ammoniaque.

Nous devons faire l'aveu qu'après de nombreuses recherches chimiques nous ne sommes pas encore bien avancés sur la composition des miasmes. Il est même impossible à dire, dans quelques circonstances, à quoi tient le changement d'odeur. C'est ce qui résulte de recherches de M. Gaultier de Claubry. Ayant analysé l'air d'un dortoir vide et l'air de ce même dortoir après que des militaires y eurent passé la nuit, il ne trouva aucune différence, bien que l'air, d'inodore, fût devenu extrèmement fétide. La chimie a donc été jusqu'ici impuissante à nous donner quelques renseignements précis sur les miasmes. Peut-être sera-t-on plus heureux avec l'aéroscope de Pouchet ou de Pasteur, et pourra-t-on découvrir des spores d'un champignon qui est cause de tout le mal.

On sait les très intéressantes recherches du docteur J.-H. Salisbury (1) sur ce point. Il dit être parvenu à démontrer que la fièvre intermittente est due à des spores d'un petit cryptogame appartenant aux *palmellæ*; il leur a donné le nom générique de *gemiasmia*. Ces particules organiques, ces organites flottent dans

(1) Revue des cours scientifiques, année 1868, page 775 et suivantes.

l'air et s'élèvent dans l'atmosphère, surtout à l'approche de la nuit. L'expectoration bronchique, l'urine, contiendraient chez les sujets atteints de fièvre intermittente des spores à différents degrés de développement. Chez un malade qui offrait avec ces accès de fièvre intermittente des symptômes typhoïdes, l'urine contenait de nombreux filaments fongoïdes, des *penicillia*, des *aspergilii*, des *sphæroteci*.

Jusqu'ici donc, les principes actifs des miasmes nous sont inconnus. Que ce soit à l'état de gaz toxiques, que ce soit à l'état de cellules animales ou végétales, qui, introduits dans l'organisme par les voies respiratoires, se reproduisent rapidement ou modifient de proche en proche les éléments des tissus; que ce soit de cette façon ou par une force catalytique, c'est-à-dire inconnue, que l'organisme humain se trouve modifié, il n'en reste pas moins constant que les émanations méphitiques peuvent causer la mort, tantôt d'une manière rapide, tantôt plus lentement. Les miasmes dégagés des cimetières exercent en outre une action lente, dissimulée, sur la santé publique; ils aggravent les maladies régnantes et préparent le développement des maladies épidémiques.

TROISIÈME PARTIE.

DES AMÉLIORATIONS QU'IL SERAIT UTILE D'INTRODUIRE DANS LE SYSTÈME ACTUEL DES CIMETIÈRES. — PROJETS DIVERS DE CIMETIÈRE.

C'est pourquoi il est du devoir des médecins de prévenir la population de ces dangers et d'exciter la vigilance de l'autorité.

La solution du problème est des plus difficiles : il faut tenir compte d'intérêts si divers et même de préjugés si nombreux, si enracinés, que les plus décidés à rompre avec une tradition fâcheuse, avec des habitudes funestes, n'ont pas osé mettre à exécution leur projet.

Il y a bien longtemps qu'on sait tous les dangers des cimetières, et cependant, jusqu'ici, aucune municipalité, que nous sachions, n'a osé apporter une réforme sérieuse au mode de sépulture adopté.

Rien d'étonnant à cela : qu'on se reporte à l'historique de la question que nous avons tracée à grands traits, et on verra que de canons, d'édits, d'arrêts, de lois il a fallu pour faire porter seulement les morts hors de la ville. Les accidents ont eu beau se succéder, il a fallu des catastrophes répétées pour que la loi fût exécutée (1).

(1) Et encore, en 1871, des archevêques sont enterrés dans leur église primatiale, les supérieurs et supérieures des couvents dans leurs chapelles, avec la permission de l'autorité.

Ce serait donc peine perdue que de vouloir proposer une mesure radicale comme la crémation : le projet est jusqu'à cette heure irréalisable. Quelques isolés, des esprits indépendants, etc., vantent bien la crémation, mais ne la voudraient ni pour eux, ni pour les leurs. A la vérité, on ne saurait dire au juste dans quelle mesure les esprits sont disposés à ce changement ou éloignés de le voir s'effectuer. Au commencement de la guerre, la proposition de M. Lapeyrière de brûler les soldats morts sur le champ de bataille, souleva de nombreuses protestations ; on rejeta ce moyen comme contraire à nos mœurs, et cependant il a fallu l'em·ployer.

A Sedan, à Metz, à Paris, on a brûlé les morts. Personne n'a rien dit contre cette mesure hygiénique ; on l'a rapportée dans les journaux politiques, louée, et le public l'a trouvée toute naturelle. Aucun cri, aucune réclamation, ne se sont élevés à ce sujet. Eh bien! si dans des circonstances analogues, dans une terrible épidémie de choléra, de variole, les morts étaient soumis à la combustion, le public s'inclinerait devant une mesure de sécurité générale, devant ce moyen de diminuer la gravité et l'extension du mal. Il suffirait de lui bien dire tous les dangers que fait courir le séjour dans la ville, même quelques heures, des cadavres des cholériques, pour qu'il acceptât ces mesures protectrices de la santé générale.

La crémation, réservée aux maladies épidémiques, ne trouverait que trop souvent l'occasion de s'exercer. Les oreilles d'abord, l'esprit ensuite s'accoutumeraient à entendre parler de ce mode de destruction des cadavres; puis les exemples donnés par quelques particuliers morts d'une affection non contagieuse, qui réclameraient la combustion de leur corps, propageraient la coutume. Qu'on nous permette, à ce propos, de faire observer combien il est singulier que la loi n'ait pas favorisé l'introduction de cet usage en autorisant les citoyens à se faire brûler, après leur mort, s'ils le désiraient. Comme conclusion de ce qui précède, nous pensons qu'il y a lieu de favoriser et de développer autant que possible la coutume de la crémation des morts : 1° en brûlant les cadavres en temps d'épidémie; 2° en autorisant chaque individu à se se faire brûler après sa mort.

La crémation est, en effet, la moyen le plus hygiénique de faire disparaître les cadavres. Il est aussi le plus économique; la preuve en serait facile à donner. Malgré l'excellence de ce moyen, je ne puis m'empêcher de faire remarquer incidemment que la crémation doit être dans quelques cas une entrave au cours de la justice. Comment retrouver les traces d'un poison dans les cendres, quand, six mois après la crémation, l'on est conduit à penser que la mort est le fait d'un empoisonnement (1) ?

Mais nous n'avons pas à débattre ici les circonstances où la crémation est favorable ou défavorable, pas plus qu'à la décrire, ce mode de destruction des cadavres n'étant pas à l'heure présente en pratique. C'est l'inhumation qui est aujourd'hui, et peut être pour longtemps encore, dans nos mœurs. Voyons les conditions que doit remplir cette espèce de sépulture pour satisfaire aux lois de l'hygiène.

Le problème à résoudre au point de vue hygiénique

---

(1) D'ailleurs, pour quelques cas où l'exhumation permet de retrouver par l'expertise chimique la preuve d'un crime, faudrait-il sacrifier la santé générale ? Les preuves d'un crime ont bien d'autres sources que l'exhumation, et souvent tout aussi probantes.

se pose de la façon suivante : placer au voisinage d'une ville un établissement insalubre de telle sorte qu'elle en soit le moins incommodée possible, ou, en précisant, mettre la ville hors de la portée des miasmes insalubres qui se dégagent d'un cimetière, et faire que les miasmes produits le soient dans des proportions extrêmement faibles. C'est ainsi que M. Tardieu, dans son *Dictionnaire d'hygiène et de salubrité publique,* t. Ier, p. 504, me paraît avoir compris l'étude du sujet.

Un premier point doit tout d'abord nous occuper : *le choix du lieu de l'inhumation.*

Le cimetière doit être placé de telle façon, que les vents qui soufflent le plus fréquemment dans la direction de la ville ne puissent y apporter les miasmes putrides des sépultures. Naturellement, cette donnée varie avec les différentes villes; nous allons essayer de la déterminer pour Bordeaux. Voici les renseignements qui m'ont été communiqués à ce sujet par M. Raulin, professeur de géologie à la Faculté des sciences de Bordeaux: c'est d'abord un relevé dû à M. le docteur Révolat père, qui a noté la fréquence des vents à Bordeaux pendant les années 1837-1846.

Vents.	N.	N.-E.	E.	S.-E.	S.	S.-O.	O.	N.-O.
Hiver.....	8	4	19	10	9	12	12	16
Printemps	4	4	16	6	5	11	28	18
Eté	2	3	12	2	3	12	41	16
Automne .	3	3	19	6	10	14	18	15
Totaux.	17	14	66	24	27	49	99	65

M. Raulin a fait en outre lui-même le relevé des huit dernières années, de 1863 à 1871 :

Vents.	N.	N.-E.	E.	S.-E.	S.	S.-O.	O.	N.O.
Iliver.....	13.3	5.0	8.6	19.4	11.1	7.7	14.6	10 1
Printemps	16.5	3.6	9.7	17.7	7.4	7.1	13.3	17.2
Eté.......	20.5	7.2	9.2	5.4	3.1	5.5	19.8	20.4
Automne .	15.4	5.0	9.2	14.2	9.1	9.8	15.7	11.0
Totaux.	65.7	20.8	36.7	56.7	30.7	30.1	63.4	58.7

Il résulte de l'examen de ces deux tableaux que les vents qui soufflent avec le moins de fréquence, sont les vents de S. et S.-O. Si dans les deux relevés on cherche les quatre directions suivant lesquelles les vents ont montré le plus de fréquence, nous trouvons :

De 1837 à 1846.				De 1869 à 1871.			
O.	N.-O.	E.	S.-O.	N.	O.	N.-O.	S.-E.
99	65	66	49	65	63	58	56

On reconnaîtra ainsi que la ligne de l'ouest à l'est est très défavorable, à cause de la fréquence des vents d'ouest et des vents d'est. Le nord-est et le sud sont donc les deux situations les plus favorables au point de vue de l'hygiène. De plus, quand le vent souffle du nord-est, les émanations sont moins à craindre, car ce vent est vif, et il chasse avec force et au loin les miasmes qu'il rencontre sur son passage. Les vents de nord-est, qui sont frais ou froids, en effet, ne produisent pas la diffusion des miasmes autant que les vents de sud qui sont chauds, et ont dans notre climat moins de vitesse que les vents de nord.

Il faut, pour l'emplacement d'un cimetière, rechercher autant que possible les points culminants, élevés, parce que l'air y est plus agité que dans la plaine Il est bien entendu que les cimetières ne seront pas placés sur ces points culminants de telle sorte que les eaux de pluie qui les auraient imprégnés puissent tomber dans la vallée où la ville est située.

Le cimetière devrait, en outre, être placé *loin de la ville.*

Dans les divers chiffres que j'ai vu fixer pour cette distance, je n'ai pas trouvé qu'une base précise eût servi aux auteurs dans cette estimation. Ainsi, en Prusse, la distance du cimetière, par rapport aux villes, est de 100 à 1,000 pas ; en France, le cimetière est plus près ; en Espagne, plus loin ; diverses autres distances ont été conseillées par différents auteurs : Gmelin indique 1,000 à 2,000 pieds ; Aitkinson, 500 ; Copland et Walker, 2,000, etc. M. Tardieu, qui cite ces auteurs, n'indique pas le motif de cette limite. En France, la distance est réglée par l'article 2, du titre I, du décret des sépultures : « Il y aura hors de chacune de ces villes et bourgs, à la distance de 35 à 40 mètres au moins de leur enceinte, des terrains spécialement consacrés à l'inhumation des morts.

» Art. 3. Les terrains les plus élevés et exposés au nord seront choisis de préférence ; ils seront clos de murs de deux mètres au moins d'élévation. On y fera des plantations en prenant des précautions convenables pour ne point gêner la circulation de l'air. »

Je ne sais, je le répète, sur quelles bases on s'est appuyé pour prescrire à quelle distance des villes les cimetières doivent être placés ; je crains bien, en voyant les chiffres si divers proposés par les uns et par les autres, que la question n'ait pas encore été nettement résolue.

La diffusion des miasmes, le rayon suivant lequel s'exerce leur action, est très variable. Je rapporte à ce sujet, sans y attacher d'autre importance, une citation (1) de M. Maret, où il s'efforce de préciser l'orbite des vapeurs méphitiques. D'après cet hygiéniste, cette distance serait en raison de la profondeur de l'ensevelissement. « La terre perméable aux vapeurs putrides les arrête par l'obstacle que sa masse leur impose; d'où il suit qu'elles sont d'autant moins abondantes, que les cadavres sont plus profondément enterrés. » Un corps qui se pourrit est regardé par M. Maret comme un foyer d'où sortent des corpuscules fétides sous la forme de rayons plus ou moins étendus et plus ou moins inclinés à l'horizon. Il fixe à vingt-cinq ou trente pieds l'étendue à laquelle ces rayons peuvent se rendre sensibles.

En supposant qu'une couche de terre d'un pied raccourcit ces rayons de deux ou trois pieds, il trouve qu'un corps enfoui à sept pieds de profondeur ne porte ses exhalaisons qu'à cinq ou six pieds au-dessus de la surface de la terre.

Là-dessus, l'auteur se livre à des calculs mathématiques pour déterminer à quelle distance aboutiront les exhalaisons méphitiques des cadavres, après que les rayons émanés de la pourriture se seront réfractés à toutes les différentes couches qu'ils devront traverser. Cette laborieuse démonstration aboutit à nous démontrer que l'auteur n'était pas plus avancé que ses prédécesseurs sur ce sujet.

Ce que l'expérience a enseigné à cet égard, après les travaux de M. Boussingault, c'est que les miasmes se développent, et s'étendent au loin par les temps chauds et humides. L'ammoniaque mélangé à ces émanations semble activer leur action et fournir des ailes à leur dissémination.

(1) Vicq d'Azir, p. 349.

A quelle distance des villes donc établir les cimetières?
Le plus loin possible de leur enceinte. La limite de
35 mètres, fixée par la loi du 23 prairial an XII, nous
paraît insuffisante. Elle devrait être d'un kilomètre ou
500 mètres au moins. Il faudrait, en outre, que la loi
du 7 mars 1808 (1) fût entièrement exécutée, et qu'aucune maison ne fût bâtie à moins de 100 mètres des
sépultures (2).

(1) Loi du 7 mars 1808, art. 1er. «Nul ne pourra sans autori-
sation élever aucune habitation ni creuser un puits à moins
de 100 mètres des nouveaux cimetières transférés hors des
communes, en vertu des lois et règlements.»

(2) *Principe de l'assainissement des villes*, par Charles de
Freycinet, page 398. La nécropole de Woking-Common est
située à neuf lieues de Londres, vers le sud-ouest, et occu-
pe une superficie de 800 hectares. Son étendue a été calcu-
lée de telle façon, qu'en prenant pour base une population
de 4 millions d'âmes et un délai minimum de dix ans accor-
dé avant la reprise des sépultures temporaires, elle suffise
pendant plusieurs siècles à la sépulture de la capitale.

Le nombre des inhumations est d'environ 4,000 par an...
On y parvient par le South-Western railway... Tous les
jours, à onze heures et demie, un train funéraire, le seul de
la journée, s'éloigne de la gare. Les voitures sont à l'avant ;
les cercueils, portant tous le nom de celui ou de celle qu'ils
renferment, sont à l'arrière dans des *boxes* fermées au jour.
Le convoi court à grande vitesse, sans station intermédiaire.
En une heure, il atteint la nécropole.

Le docteur Sutherland a déclaré que le cimetière de
Woking-Common était le seul qui donnât satisfaction dans
la pratique à la décence et à la santé publique. L'opinion publique s'est rapidement familiarisée avec l'idée de ces inhumations lointaines, plus convenables, moins dispendieuses,
où le sentiment de la dignité humaine et de la famille, si
cher aux Anglais, trouve des satisfactions vainement cher-
chées dans les emmagasinements des anciens cimetières.
Cette nécropole, qui appartient à une compagnie privée, Lon-
don necropolis Company, qui l'a fondée à ses risques et pé-

Or, j'ai dit plus haut que dans notre ville les cimetières sont placés presque dans l'intérieur de la cité. Le cimetière des protestants, entre autres, est entouré à l'ouest de maisons. Une ruelle étroite les sépare à peine du champ d'inhumation. Des puits ont été creusés à 2, 3 mètres de l'enceinte. On voit qu'il y a loin de nos cimetières à ceux de Woking-Common, près de Londres, et le cimetière projeté de Méry-sur-Oise.

J'ai dit plus haut qu'il y avait avantage à placer les cimetières sur des éminences, à la condition que les eaux qui traverseraient le champ d'inhumation seraient déversées, par une pente naturelle, sur le versant de la colline opposé à celui qui fait face à la ville. Il serait mieux encore de placer les sépultures derrière une colline, de les séparer de la ville par un cours d'eau, et à défaut de ces deux remparts naturels et des plus favorables, derrière un petit bois. Il serait difficile d'indiquer, pour notre cité, un vaste terrain peu éloigné de notre boulevard de ceinture, qui rem-

rils, ne renferme pas de tombes gratuites. On a établi dans la basse forêt d'Ilfort, à sept milles de Londres, sur le chemin de fer d'Eastern-County, un cimetière pour les pauvres de la cité.

Le cimetière de Méry-sur-Oise devait être édifié sur le modèle de celui de Woking-Common. La superficie était telle que même dans l'hypothèse d'une population de trois millions d'âmes, les concessions gratuites n'auraient pas été reprises avant trente ans et peut-être avant cinquante ans. Il devait être placé sur un plateau à 70 mètres au dessus du niveau de l'Oise, et à une distance de 25 kilomètres de Paris. La nature du terrain, les conditions d'isolement, étaient, d'après les études de MM. Belgrand, Hennezel et Debesse, des plus favorables. On y serait parvenu par un chemin de fer partant du cimetière du Nord et desservant les deux autres de l'est et du sud. Chacun de ces trois cimetières aurait eu une gare funéraire pour le départ des convois.

plit ces conditions; car les collines avoisinantes sont escarpées, d'un difficile accès, à huit ou dix kilomètres de la ville; les bois sont également fort éloignés. Quant aux cours d'eau, sauf la Garonne, nous n'avons près de notre ville que trois ou quatre petits ruisseaux et des jalles (dénomination locale de petits ruisseaux) roulant, dans des terrains bas et humides, des eaux tranquilles et bourbeuses qui laissent exhaler des quantités énormes de carbures d'hydrogène. Ce n'est pas au voisinage de pareils ruisseaux, qu'on peut songer à établir des cimetières.

Si on en voulait voir les inconvénients, il suffirait de visiter la Chartreuse de Bordeaux. Le ruisseau de la Devèze coule le long de la face Est; dans cette partie de son cours, la pente est très faible, l'eau la descend avec une lenteur marquée; des blanchisseuses y viennent laver leur linge et mêler de nouvelles puanteurs à toute cette putréfaction. C'est cette eau et celle que les orages jettent si fréquemment sur notre sol, qui infiltrent le cimetière mal drainé, pénètrent dans les caveaux et les inondent. J'ai entendu dire par des fossoyeurs qu'ils avaient souvent découvert des fosses où les cadavres étaient plongés complètement dans l'eau. Un homme, qui assistait à l'inhumation de trois suppliciés, m'a dit qu'il avait vu jeter les restes de ces malheureux dans une fosse et que l'eau en avait jailli jusqu'au bord. Si donc il fallait éviter quelque chose, ce serait de placer les cimetières trop près de ces cours d'eau.

Je dois maintenant m'occuper de *la question du terrain*, qui mérite d'attirer particulièrement l'attention. Des expériences précises ont été faites par Orfila sur ce point; je les rappellerai brièvement (1). Quatre terrains

(1) Voir Tardieu, *Dict. d'hygiène et de salubrité*, t. Ier, p. 508.

furent expérimentés. L'un, terre de Bicêtre, jaunâtre, calcaire, sans aucun caractère de terre végétale ; l'autre était, au contraire, une terre de jardin très azotée, contenant des débris de végétaux et une grande quantité de carbonate de chaux et de sulfate de chaux ; le troisième terrain était formé de terreau, dont la composition se rapproche de la terre des jardins, mais les détritus végétaux y sont en plus grande abondance; on y rencontre aussi en forte proportion de la silice et du carbonate de chaux ; enfin, le quatrième terrain mis en expérience était silicieux et ferrugineux, avec de faibles quantités de mica et du carbonate de chaux.

Le résultat des expériences fut le suivant :

1° La putréfaction marche d'une façon très inégale dans les différents terrains ;

2° Elle a été beaucoup plus lente dans le sable et beaucoup plus prompte dans le terreau que partout ailleurs, jusqu'au moment où il y a eu une certaine quantité de gras de cadavre de formée ;

3° A cette époque, la décomposition putride a fait au contraire beaucoup plus de progrès là où il y avait moins de gras de cadavre, comme dans la terre de Bicêtre, que dans le terreau et dans la terre du jardin où il s'en était produit davantage; et que si dans le sable, où il ne s'était point formé de savon, la putréfaction était beaucoup moins avancée, cela tient à ce que ce terrain jouit à un très haut degré de la propriété de ralentir la décomposition ;

4° Que tous les terrains ne sont pas également propres à opérer la saponification de nos tissus, et qu'en général le terreau et les terres végétales semblent être ceux qui la déterminent le mieux et le plus promptement;

5° Que cette transformation graisseuse paraît commencer par la peau et le tissu cellulaire sous-cutané, pour gagner ensuite les muscles ;

6° Que, quelle que soit la rapidité avec laquelle a lieu la putréfaction jusqu'à l'époque où la saponification a envahi une assez grande partie de la peau, elle s'arrête en quelque sorte dès cet instant, ou du moins ne suit plus la même marche, puisque, au lieu de se ramollir de plus en plus, de devenir pultacés et de disparaître, les tissus sous-jacents passent au gras, et finissent par former une masse d'un blanc grisâtre, sèche, dans laquelle il n'est plus possible de les reconnaître.

Pour faire l'application de ces données expérimentales à l'étude des terrains qui avoisinent Bordeaux, il faudrait posséder une carte géologique de notre sol ; malheureusement ce travail, pour lequel des fonds ont été votés il y a trente ans au Conseil général de la Gironde, a été exécuté par un ingénieur des mines, mais n'a jamais été livré à l'impression.

Nous ne pouvons donc déterminer avec toute l'exactitude que nous aurions désirée la situation du terrain qui serait préférable pour les inhumations. Notre ville repose sur un sol d'alluvion, formé en grande partie de terre végétale, de sable, de graviers et de quelques boues argileuses. Des nappes d'eau provenant d'infiltrations traversent ces différentes couches à des hauteurs variables. Ces terrains sont encore imprégnés d'eau provenant des ruisseaux qu'on rencontre à une petite distance de notre ville.

Ces sources sont les suivantes :

Mérignac, qui est à 5,242 mètres de la place Dauphine, Arlac, à 4,400 mètres de Mérignac ; le Tondu, à 2,512 mètres de la place Dauphine ; Artiguemale, à 4,080 mètres ; Sallebert, à 1,700 mètres ; Dublanc, à 2,000 mètres ; Figueyrau, 1,500 mètres ; Eau-Bourde, à Gradignau, 9,000 mètres; Monjau, à 8,000 mètres.

Il faudrait, autant que possible, qu'un cimetière fût construit loin de ces sources, dont il modifierait les eaux d'une manière fâcheuse. Quant au terrain, il y aurait avantage à choisir les points où le sol est uniquement composé de sable et de graviers. On sait, d'après les expériences d'Orfila, que j'ai citées plus haut, que la décomposition marche avec assez de rapidité dans ces terrains; il n'en est pas de même quand une couche d'argile vient opposer une barrière au passage de l'eau. Dans ces circonstances, le cadavre nage dans le liquide, il est plus long à pourrir; en outre, les terres sont moins perméables aux gaz et ne se laissent pas pénétrer par les produits de la putréfaction. Aussi notre ancien cimetière, composé en grande partie de terres argileuses, consomme-t-il les corps avec la plus grande lenteur. C'est ce que j'ai appris par d'anciens fossoyeurs. En outre, ces terres se saturent avec une grande rapidité; aussi voit-on aujourd'hui que les corps exhumés au bout des cinq ans réglementaires sont encore verts, suivant l'expression des gens du métier, c'est-à-dire que la putréfaction n'a pas encore achevé son œuvre de destruction. Ce qui oblige à les laisser cinq ans de plus.

Il est bien entendu que, dans le cas particulier du cimetière de Bordeaux, il faut tenir compte, outre la qualité de la terre, de la saturation à laquelle elle est soumise par des inhumations répétées.

J'ai assisté à des exhumations et j'ai pu m'assurer que des corps qui avaient séjourné trois ans, quatre ans, dans la terre de l'ancien cimetière, répandaient au moment de l'exhumation une odeur des plus fétides. Ce n'était plus cependant qu'une bouillie noirâtre mêlée à de la terre, qui se détachait facilement du squelette, quand le fossoyeur rejetait du fond de la fosse sur les bords ces débris infects.

Il n'en est pas de même du nouveau cimetière, dit des Champs-Elysées. Le sol y est formé de terres rapportées, de débris, de plâtras, de pierres calcaires. Cette constitution du sol et sa nouveauté lui permettent de dévorer les cadavres avec rapidité.

J'ai vu là des exhumations de corps qui dataient du mois de février et du mois de juin 1871, c'est-à-dire de trois mois et d'un mois, et le cadavre avait été consommé ; il ne restait qu'un terreau noirâtre, et il fallait s'approcher de l'ouverture de la fosse pour recueillir des émanations d'une fétidité cependant très supportable. Mais, à défaut de l'odeur des cadavres, dès qu'on remue cette terre dans la partie du cimetière en contre-bas, l'odorat est désagréablement affecté par les exhalaisons ammoniacales et sulfhydriques que laissent dégager les remblais qui ont été faits avec les détritus apportés de l'usine à gaz. Ces détritus altèrent la pierre des caveaux et leur ciment.

Les conclusions qu'il me paraît légitime de tirer de ce que je viens d'exposer, c'est qu'on devra choisir un terrain sablonneux et éviter, autant que possible, les bancs argileux. Dans le cas où des remblais devraient être faits, il y aurait grand avantage à employer de vieux plâtras, des débris de pierres calcaires.

En étudiant la question du terrain le plus favorable à l'inhumation, j'ai touché à celle des *ruisseaux avoisinant les sépultures;* je dois maintenant signaler les inconvénients qui peuvent résulter pour les eaux de ce méphitique voisinage. Quand un ruisseau passe à quelques mètres d'un cimetière, il ne tire de cette proximité aucun inconvénient quand le lit du ruisseau est plus élevé que le sol du cimetière, parce qu'alors les eaux pluviales qui infiltrent le sol vont former une couche souterraine et n'ont pas de tendance à gagner le ruisseau. Mais quand le contraire a lieu, et c'est le cas de Bordeaux pour le ruisseau de la Devèze, les eaux peuvent s'altérer sérieusement et devenir complètement impropres aux usages domestiques.

Cependant certaines circonstances peuvent permettre à des eaux de rester indemnes de toute altération.

C'est ce qui est arrivé à M. Guérard (1), qui, analysant un puits dont l'eau était formée par des filtrations à travers un cimetière, constata qu'elle dissolvait le savon, qu'elle cuisait les légumes, qu'elle était inodore, limpide et de bon goût. Le chimiste Barruel, qui assistait à l'examen, annonça que cette eau devait contenir des sels à base d'ammoniaque, que le sulfate calcaire contenu en abondance dans les eaux de puits de Paris avait été décomposé par les sels ammoniacaux dont le cimetière est imprégné. L'induction du savant chimiste fut confirmée par l'expérience.

La pureté des eaux d'un cimetière est un fait exceptionnel (2). En règle générale, il faut éviter que les

____

(1) Voir Tardieu, *Dictionnaire d'hygiène*, page 211.

(2) *Travaux du conseil d'hygiène publique et de salubrité du département de la Gironde*, année 1868, tome XI, page 48. Je dois rapporter ici les conclusions d'expériences fort bien faites, entreprises par M. Martin Barbet, rapporteur d'une commission composée de MM. Clémenceau, Gellie, Fauré, Robineaud, Petit-Laffite et Martin Barbet, pour juger de l'état des eaux provenant du drainage du cimetière.

1º Eau provenant du drainage de la partie du cimetière affectée en grande partie aux cimetières particuliers. — Résultat de l'analyse des résidus, après évaporation à siccité : chlorures, sulfates, carbonates de chaux, phosphates alcalins et calcaires, argile, silice, oxyde de fer, matières organiques végétales; mais aucune trace de sels ammoniacaux, ni aucun des principes que fournissent les matières anima-

eaux d'infiltration du cimetière puissent être déversées dans un ruisseau, dans un puits, dans des citernes qui pourraient être utilisées à des usages domestiques. Cette condition n'est pas la seule que le sol des sépultures doit remplir par rapport à l'eau : il doit encore être à l'abri des inondations, qui peuvent découvrir les cadavres, les exposer en plein air et causer un horrible foyer de méphitisme. Ces faits se sont produits assez souvent en Angleterre. Dans notre ville, ils ne sont pas à craindre; mais les pluies abondantes qui tombent sur

les en putréfaction ne purent être signalés. Un linge, après vingt-quatre heures de macération, n'a pas en se séchant répandu d'odeur à l'air libre après plusieurs jours.

2° Eau provenant du drainage du champ commun : même couleur, même odeur, même saveur que l'autre; résidu plus abondant, même sels que dans l'eau précédente, matière organique végétale en plus grande quantité; aucune trace d'ammoniaque ni d'azotate. Le phosphate de chaux et de magnésie, et le carbonate calcaire, sont les seuls produits faisant partie du corps humain que nous avons trouvés dans ces eaux. Cependant, une tranchée ouverte, parallèle aux drains, laissait échapper des émanations si fétides, que les ouvriers n'y pouvaient travailler que quelques instants et avec peine.

La cause de ce résultat négatif était due, suivant la commission :

1° A la mauvaise exécution du drainage, qui est, à ce qu'il paraît, très incomplet;

2° A l'absorption des gaz et des produits de décomposition des matières organiques du corps humain par la terre environnante.

En conséquence, la pureté de l'eau est due à l'imperfection du drainage; sans cela, les résultats négatifs, ajoute le rapporteur, pourraient devenir positifs quand le mode de desséchement de ces terains sera bien exécuté.

Un rapport de M. Fauré avait antérieurement (t. IX, 1867) émis les mêmes conclusions après des analyses très précises. (Rapport du 8 septembre 1865).

Il est probable même que l'eau, passant dans ces drains

notre sol doivent faire redouter que les eaux pluviales, traversant la terre, ne se donnent rendez-vous dans les fosses et caveaux, comme dans des égouts collecteurs. C'est ce qui arrive dans notre cimetière. Comme je l'ai déjà dit, un certain nombre de caveaux, à l'époque des pluies continues, sont inondés.

Il est donc de toute nécessité que le sol du cimetière soit parfaitement étanche. On obtient ce résultat à l'aide *du drainage*, non pas comme celui qui a été exécuté à Bordeaux. Il avait été réclamé par le Conseil

incomplets, deviendra infecte quand les terrains qui lui servent de filtre seront saturés et qu'une couche de matière organique se sera déposée dans la lumière des drains. Cette infection de l'eau n'est donc qu'une question de temps.

Au moment où notre travail était sous presse, M. J. Lefort communiquait la note suivante à l'Académie de médecine :

Note sur l'altération des eaux de puits par le voisinage
des cimetières ;

Par Jules LEFORT. — (Académie de médecine d'août 1871.)

L'auteur reconnaît que les recherches de ses devanciers sur ce sujet ont établi que, selon la nature géologique du terrain, selon la situation relative des cimetières et des puits, les eaux arrivent, même de très loin, chargées de matières organiques dans les puits situés, soit au niveau, soit en aval des cimetières plus voisins. Suit l'analyse de l'eau de Saint-Didier (Allier), où, à moins de 50 mètres du cimetière, existe l'unique puits qui dessert la localité pour l'usage alimentaire. L'odeur de cette eau est douce, peu nauséabonde, mais la saveur en est très fétide. Soumise à l'évaporation, elle a donné un résidu gris foncé, qui, chauffé progressivement, s'est coloré en brun noirâtre, et a répandu une odeur légèrement empyreumatique. Ce résidu, traité par l'acide hydrochlorique dilué, a dégagé du gaz carbonique sentant la colle forte, et une autre partie du résidu, mélangée à l'hydrate de chaux, a indiqué la présence d'une quantité notable d'un sel ammoniacal.

d'hygiène de la Gironde en juin 1860, n'a guère été
commencé que le 25 novembre 1864 et n'était pas
achevé en mai 1865. Je n'ai pas ici à indiquer les dé-
fauts du drainage de l'ancien cimetière, ni quel est le
meilleur mode à employer. C'est affaire aux ingénieurs.
Je me permettrai seulement de rappeler (1) que les cimetières bien drainés, comme ils doivent l'être dans
les terrains où des couches d'argile font séjourner
l'eau, présentent des drains non-seulement dans les
allées, mais aussi dans l'emplacement des tombes. A
Bordeaux, il n'y a de drains que dans les allées qui entourent des rectangles de 80 à 90 mètres de large.
Aussi cette insuffisance d'asséchement permettait à des
caveaux de contenir 70 centimètres d'eau, et, suivant
le rapport de M. Henri Gintrac (1861, Conseil d'hygiène de la Gironde), jusqu'à 1 mètre d'eau.

Les drains sont placés dans notre cimetière au maxi-
mum à 4 mètres de profondeur. Ils aboutissent à deux
collecteurs de 0,30 centimètres de diamètre, qui éva-
cuent les eaux à la Devèze, chacun par l'intermédiaire
d'une chambre d'épuration. Cette chambre, ou épurateur, consiste en une maçonnerie étanche, fondée sur
béton, ayant dans l'œuvre 3^m90 de long, 0^m60 de large, et 1^m33 de haut et remplie de gravier. Le collec-
teur la traverse dans toute sa longueur et est fermé à
l'extrémité. Il est percé de trous, dans tout son par-
cours dans la chambre, qui permettent à l'eau de s'é-
chapper.

Les eaux remontent en filtrant dans le gravier et s'é-
coulent définitivement par un orifice placé à la partie
supérieure de l'épurateur.

Evidemment, ce système est défectueux. Ces épura-

---

(1) Voir *Assainissement des villes*, M. de Freycinet, p. 392.

tions sont incapables de retenir les matières putrides dissoutes dans l'eau, et en tout état de choses le produit des drains ne devrait pas être déversé dans le ruisseau de la Devèze en amont de plusieurs usines ou buanderies importantes. Les eaux provenant des cimetières doivent être traitées par des substances chimiques énergiques, susceptibles de détruire les matières organiques putréfiées, ou bien elles doivent se perdre dans un terrain qui sera recouvert d'une végétation à marche rapide qui annihilera, par l'absorption des racines, les effets de ces eaux putrides, qui seront utilement employées à féconder de riches prairies.

Après avoir attiré l'attention sur l'importante question du drainage, et comme un adjuvant de ce moyen d'épurer le sol, nous devons étudier les plantations qui conviennent plus particulièrement au sol des cimetières.

Personne n'ignore aujourd'hui *l'utilité des plantations d'arbres* et l'influence qu'elles exercent sur la purification du sol. C'est sur le sol, en effet, plutôt que sur l'air, que, d'après M. Chevreul (Mémoires de la Société centrale d'agriculture, année 1853), serait profitable l'action des arbres; car lorsque l'oxygène se dégage des arbres, il tend à s'élever vers les couches supérieures de l'atmosphère plutôt que vers les couches inférieures. Les arbres exercent surtout leur action par leurs racines pour combattre incessamment l'insalubrité produite ou sur le point de se produire dans la terre par les matières organiques et la trop grande humidité du sol. « Les racines ramifiées à l'infini, enlevant à la terre qui les touche l'eau avec des matières organiques et des sels que ce liquide tient en solution, rompent l'équilibre d'humidité des couches terrestres; dès lors, en vertu de la capillarité, l'eau se porte des parties terreuses le plus humides à celles qui le sont le moins, en raison de leur contact avec les racines, et ces organes deviennent ainsi la cause occasionnelle d'un mouvement incessant de l'eau souterraine, entrainement favorable à la salubrité du sol. »

»Pour apprécier toute l'intensité de l'effet que les végétaux sont alors capables de produire, ajoute M. Chevreul, je rappellerai que Hales, dans une de ses expériences, observa qu'un soleil (*helianthus maximus*) transpire en douze heures 1 livre 14 onces d'eau, et j'ajouterai que, dans une expérience que je lis au Muséum d'histoire naturelle, en juillet 1811, conjointement avec MM. Desfontaines et Mirbel, sur une plante de la même espèce, de 1 mètre 80 de hauteur, dont les racines plongeaient dans un pot vernissé et couvert d'une feuille de plomb qui donnait passage à sa tige, l'eau dissipée par une transpiration de 21 heures s'éleva à 15 kilog. La grande influence des arbres dans la salubrité du terrain est incontestable, puisqu'ils ne s'accroissent qu'en y puisant des matières altérables, causes prochaines ou éloignées d'infection. » Cette citation de l'illustre chimiste me dipense d'insister plus longuement sur l'utilité des plantations d'arbres dans les cimetières. D'ailleurs, les plantations dans les cimetières sont une obligation légale. L'article 3 du titre Ier de la loi du 23 prairial an XII s'exprime ainsi : Les terrains les plus élevés et exposés au nord seront choisis de préférence ; ils seront clos de murs de 2 mètres au moins d'élévation. On y fera des plantations, en prenant des précautions convenables pour ne point gêner la circulation de l'air.

Cette dernière recommandation doit être, en effet, absolument observée, car sans cela, ces moyens d'épurer le sol deviendraient absolument pernicieux, en renfermant l'air humide et fétide des cimetières dans des espaces étroits. C'est pour éviter cette gêne à la circulation de l'air, qu'une sentence du bailliage de Troyes (1) défendait de planter dans les cimetières des arbres et des arbrisseaux. Les canons des conciles étaient également très précis à cet égard : *Arbores etiam aut arbusta stipitesve omnino convellantur atque excidantur.* Favier, d'accord avec Maret (2), repousse les plantations comme un obstacle à la circulation de l'air.

On peut tenir compte de ces observations et ne pas se priver de l'action bienfaisante de la végétation. Voici le mode de plantation qui nous paraît préférable : il faudrait planter une *triple allée d'arbres* du côté du cimetière qui regarde la ville, mais la façade opposée en devrait être dépourvue ; les allées, au lieu d'arbres serrés et touffus, ne devraient être semées que d'arbres à racines pivotantes, et qui seraient très espacés les uns des autres. On peut, dans notre cimetière actuel, juger des inconvénients qu'il y a à planter des arbres vigoureux et à peu de distance les uns des autres. Les platanes d'Orient qui y végètent, y forment incontestablement de superbes allées. Ces arbres aux tiges de couleur variée s'élancent à une hauteur énorme pour entrelacer leurs dernières branches, et y former une voûte sous laquelle vient s'arrêter l'air épais et méphitique du cimetière, pendant que les racines fouillent au loin le sol de leurs rameaux vigoureux, brisant sur leur passage les obstacles qu'elles rencontrent.

Or, on sait que les racines se dirigent de préférence vers les sépultures, pour y puiser, avec leurs spongioles, les éléments d'une abondante et fécondante nourri-

<hr />

(1) Voir Tardieu, thèse *Voierie, cimetières*, p. 241.
(2) Voir Vicq d'Azir, p. 357.

ture; de sorte qu'elles renversent sous leur poussée vigoureuse et incessante des pans de murs, défoncent les caveaux, qui s'écroulent ou présentent de larges fissures donnant issue aux gaz de la putréfaction. Ce n'est donc pas de pareils arbres, un pareil mode de plantatation qu'il faut adopter, pas plus que celle de ces cyprès au feuillage épais et sombre, et si bien disposés pour garder les exhalaisons putrides des sépultures. L'hygiène doit être ici notre seule préoccupation, aussi nous ne nous laisserons pas toucher par le soin poétique, mais puéril, d'orner le cimetière d'arbres symboliques (1).

Des auteurs sérieux, qui se sont occupés de sépultures, ont sacrifié à la Muse et ont pensé qu'il serait bien de planter près de la tombe des morts des arbres, des arbrisseaux qui rappelleraient leurs vertus ; là, le pin comme symbole d'héroïsme et de science, ici le frêne, emblème de la sagesse, et sur un autre le houx, emblème d'une énergique défense, enfin sur d'autres l'ache sauvage (*apium graveolens*), comme sur la tombe d'Hercule. *Apium fuisse inter coronamenta Herculis* (Tertullien).

Je crois que l'hygiène ne s'accommoderait pas de toute cette végétation sacrée. Il vaut mieux que les arbres remplissent les conditions suivantes : des troncs élancés qui n'étendent pas au loin leurs branches et dont les racines pénètrent droit dans le sol, sans rayonner autour de l'arbre. Les caveaux seront ainsi à l'abri de la végétation souterraine de l'arbre, et la tâche des fossoyeurs sera rendue moins pénible, car ils ne seront

(1) Voir, sur le symbolisme des arbres, le Rapport sur les sépultures présenté à l'administration centrale du département de la Seine, par C. Cambry, ch. 7.

pas obligés, pour creuser de nouvelles fosses, de détruire les grosses racines qui, dans certains arbres de haute futaie, le cèdre, le robinia, le platane, etc., parcourent le sol en tous sens.

Il serait également désirable qu'on choisît particulièrement des arbres résineux. On sait qu'au printemps ils dégagent une grande quantité d'ozone, très propre à comburer, à oxyder les gaz méphitiques. De plus compétents fourniront la liste des arbres satisfaisant à ces conditions. Le peuplier pyramidal, le chêne pyramidal, divers arbres des genres *pinus* et *taxus* nous paraîtraient particulièrement destinés à cet usage.

Outre cette végétation de haute futaie, il serait bon de recouvrir chaque tombe d'un semis de ray-grass, qui lève en quinze jours. Cette première plantation serait enlevée au bout de six mois, un an, et remplacée par de la luzerne, dont les racines pivotantes descendent quelquefois jusqu'à deux mètres de profondeur dans le sol, pour y puiser avec avidité les gaz et les sucs cadavériques que la terre aurait reçus (communication orale de M. Méran).

L'œuvre de la destruction des cadavres est ainsi hâtée, et le sol assaini possède presque indéfiniment la propriété de consumer les cadavres.

Nous ne pensons pas que le *drainage* soit un obstacle au développement des végétaux dont nous avons parlé précédemment. Le drainage profond, comme il est pratiqué en France, a pour effet d'abaisser la couche productive, de mieux répartir l'eau qui imprègne la terre. A la condition de ne pas trop multiplier les drains pour obtenir une sécheresse absolue du sol, ce qui serait d'ailleurs difficile sous notre climat pluvieux, il y a lieu d'espérer que le drainage et les arbres peuvent vivre en bon accord.

Ce n'est pas quand nous venons de préconiser toutes ces mesures pour parfaire l'hygiène des cimetières, que nous ne protesterions pas contre les édifices dont ils sont encombrés. C'est une obligation pour nos édiles d'ordonner, par un arrêté de police, qu'aucun monument funéraire ne s'élève à plus de cinquante centimètres au-dessus du sol. Ces chapelles, ces cellules, comment dénommer encore ces petits réduits à forme bizarre dont on recouvre les dépouilles mortelles, sont des réservoirs de méphitisme. Les gaz du caveau situé au dessous, les gaz des caveaux voisins, comme M. Pellieux l'a constaté, se donnent rendez-vous sous les pleins cintres, sous les ogives de ces chapelles, pour de là s'échapper dans l'air environnant par les ouvertures des portes et des fenêtres.

Bien des personnes qui viennent se livrer à la méditation dans ces oratoires funèbres ont dû y puiser les germes d'affections mortelles, ou pour le moins d'affections d'autant plus rebelles qu'on n'a pas toujours pu remonter à leur origine.

Aussi bien donc pour des motifs d'hygiène privée que publique, de pareils monuments doivent être bannis des cimetières. — Ils servent de réservoirs à un air méphitique et ils gênent la libre circulation de l'air.

Ici l'hygiène seule a la parole ; sans cela, que de considérations philosophiques diverses viendraient à l'appui de notre proposition !

Pourquoi toute cette ostentation, toute cette vanité ? Que de fois nous avons entendu dans nos excursions hygiéniques, au milieu de cet asile des morts, d'amères récriminations lancées contre ces monuments par ceux qui, privés des faveurs de la fortune, voyaient exhumer après cinq ans les restes de parents aimés! Ils n'avaient pu, par suite de l'encombrement du cimetière, obtenir quelques mois de retard à l'exhumation, afin de ramasser la somme nécessaire à l'achat d'un coin de terre pour garder ces restes chéris. Eh quoi! n'est-ce pas là le champ de l'égalité? Singulier effet du hasard, j'ai remarqué que la terre épargne bien plus le cercueil de modeste sapin que le cercueil plus coûteux de bois de chêne.

Assez de réflexions sur ce point délicat. Revenons à notre sujet. Y a-t-il lieu d'ordonner un changement à la nature des cercueils ? — L'expérience a démontré que la putréfaction marche différemment, suivant que les corps ont été placés dans des cercueils de plomb, de chêne, de sapin, de terre cuite ou de verre. Si le but à atteindre est d'amener la putréfaction la plus rapide possible, évidemment, le bois, et surtout le chêne, est on ne peut mieux choisi. Quand il s'agit, au contraire, de conserver le cadavre le plus longtemps possible, aucune des espèces de cercueils usités en France ne remplit le but. Le plomb est perméable aux gaz de la putréfaction ; très souvent la force d'expansion des gaz le fait éclater. Pour éviter cet inconvénient, les gardes des caveaux pratiquent, à l'aide d'une vrille, de petites ouvertures dans ces boîtes funéraires.

Les cercueils sanitaires de la patente Smith (1) méritent d'être signalés, parce qu'ils sont à l'abri des inconvénients des cercueils de planche, et quand il faut garder un cadavre atteint d'une maladie contagieuse, ils ont quelque utilité. Ce sont des appareils en tôle mince, galvanisée, pourvus sur le couvercle d'un orifice vitré, correspondant à la face du mort, et d'un petit tube débouchant à l'intérieur dans une boîte à jour, remplie d'une poudre désinfectante. Nous nous

(1) Voir *Assainissement des villes*, par M. Freycinet, p. 372.

contenterions du cercueil en tôle mince galvanisée, garni à l'intérieur d'étoupes imbibées d'un mélange d'acide phénique additionné d'acide tartrique. M. Lemaire, qui a recommandé ce mélange, propose aussi d'en introduire quelques cuillerées dans la bouche du cadavre. Ce médecin regarde cette mixture désinfectante comme bien supérieure aux diverses poudres prescrites par la préfecture de police de Paris, et qui se composent : l'une de tan et de charbon, l'autre de sciure de bois, de sulfate de fer et de zinc, une autre enfin d'un mélange de sciure de bois et de sulfate de zinc préparé suivant un procédé breveté.

Nous ne donnerons pas les raisons, basées sur l'expérience et la chimie, qui ont fait préférer à M. Lemaire l'acide phénique à tous ces mélanges. Cet acide non-seulement modifierait la putréfaction, mais tuerait les ferments vivants qui peuvent porter la contagion.

Quant aux cercueils de terre cuite et de verre, leur fragilité, leur poids, ne nous permettent pas de les recommander ; ils ne nous semblent pas préférables aux cercueils de tôle galvanisée, hermétiquement fermés. Cette sorte de boîte funéraire me paraîtrait très utilement appliquée aux cadavres laissés dans notre dépositoire. On éviterait peut-être par ce procédé une infection horrible.

La *profondeur des fosses* est fixée en France à 1 m. 50 et 2 mètres de profondeur, sur 8 décimètres de largeur (décret du 23 prairial an XII). En Autriche, la profondeur est de 6 pieds 2 pouces ; à Francfort, de 4 pieds 7 pouces ; en Russie, de 6 à 10 pieds ; à Londres, de 4 à 5 pieds. Dans quelque partie de l'Allemagne, cette profondeur irait à 11 pieds, etc. On ne place qu'un mort dans chaque fosse.

D'après l'opinion d'Orfila, du docteur Riecke, plus

la fosse est profonde, plus la putréfaction marche lentement. Vicq d'Azir, comme Maret, a dit qu'un corps
était détruit en trois ans dans une fosse de 4 à 5 pieds.
Ce temps serait insuffisant dans une fosse de 6 à 7
pieds. Or, comme on se propose de faire consumer le
cadavre le plus vite possible, une fosse d'un mètre 50
de profondeur nous paraît suffisante.

Une fosse à laquelle il nous paraîtrait utile d'apporter quelques modifications, est celle qui sert d'ossuaire dans le cimetière de Bordeaux. C'est un vaste
caveau recouvert d'une toiture, à la façon d'un hangar,
avec châssis, dont la plupart sont vitrés. Soixante pieds
d'ossements sont entassés dans cet ossuaire, avec des
lambeaux de vêtements, des restes de cheveux, des bi-
joux, des jouets et tous les objets enfouis avec le cadavre, et qui ont résisté à la putréfaction. Tout cela git
pêle-mêle, entrelacé, entrecroisé de la façon la plus di-
verse. Que de singuliers assemblages, que de bizarres
enchevêtrements se trouvent accomplis dans cette profonde couche d'ossements! Je suis resté quelque temps
en présence de ces os : ils n'exhalent pas précisément
d'odeur, l'air est seulement imprégné d'une exhalaison
sentant la moisissure. Pourquoi ne pas brûler ces os?
la chose serait d'autant plus facile que le public est
persuadé que les os sont brûlés avec les parois restant
des cercueils.

Je viens d'exposer longuement, sans cependant les
avoir approfondies, les principales conditions hygiéniques que devrait remplir un cimetière institué sur le
plan des cimetières modernes. Je pense qu'il appartient
à une municipalité intelligente et soucieuse d'être utile
à ses administrés, de tenter quelque innovation dans
la construction d'un cimetière. Nous allons dire quelles
modifications nous paraîtraient utiles.

Il y a lieu, dans l'installation nouvelle d'un champ des morts, de tenir compte, avant tout, des conditions de salubrité, puis des conditions économiques pour le présent et pour l'avenir ; c'est à ce titre que nous ferons part, en quelques mots, d'un plan que la réflexion nous a suggéré : le cimetière dont nous aurions désiré la construction, aurait la forme d'un rectangle allongé, et les tombeaux seraient creusés suivant des lignes parallèles au plus petit côté. Un petit sentier passerait devant chaque rangée de tombes, et tous les dix rangs, une allée assez large, plantée d'arbres espacés, irait rejoindre la grande allée intérieure, parallèle aux quatre côtés du rectangle. Au milieu du rectangle serait ménagé un espace suffisant pour la construction d'un dépositoire et d'une maison mortuaire avec salle d'autopsie (1).

Les fosses, au lieu d'être creusées simplement dans le sol, seraient formées de murs en demi-épaisseur, en pierre dure, fortement mastiqués de chaux hydraulique.

Quand un corps devrait être descendu dans un de ces caveaux, on répandrait sur la paroi inférieure dallée une couche de chaux pulvérisée non éteinte, de 50 centimètres de hauteur, puis le cercueil serait déposé sur cette couche au moment même où on placerait la pierre tumulaire ; on enlèverait alors la paroi supérieure de la caisse mortuaire pour constater l'identité de l'individu et voir s'il ne donne aucun signe de vie apparent, et on jetterait sur le cadavre mis à découvert 50 centimètres de chaux non éteinte, puis une forte pierre de taille fermerait hermétiquement l'entrée du caveau. Les joints, les ouvertures que la pierre tumulaire et les parois des murs laisseraient entre eux, seraient soigneusement cimentés.

(1) Si par hasard ce plan avait quelque chance d'être accepté, nous donnerions tous les détails qui s'y rapportent.

La chaux jetée sur les cadavres les attaquerait éner-
giquement et détruirait les tissus avant que la putréfaction pût les atteindre. Il ne resterait bientôt plus
que les os et une poussière dont probablement le
sulfate, le carbonate de chaux, le phosphate de
chaux et des chlorures de chaux, constitueraient les
principaux sels. Je n'ai pu d'ailleurs, à cet égard, trou-
ver des renseignements bien précis et savoir quelle était
la composition du résidu de cette combustion de la
chair par la chaux.

Au bout de cinq ans, la fosse serait vidée, soigneusement nettoyée, et recimentée si besoin était; la chaux
serait répandue dans le cimetière, et les os du squelette, s'ils n'étaient pas détruits, portés au charnier ou
brûlés.

Un des membres du Conseil municipal de Bordeaux
a proposé de construire un cimetière sur le modèle des
cimetières espagnols. Je les ai décrits à l'*Historique*.
J'ai dit que, dans les colonies espagnoles, ces murs à niches mortuaires laissaient exhaler une odeur des plus
fétides, parce que la clôture n'est pas hermétique pour
longtemps. Bientôt, la chaleur, les variations de tem-
pérature amènent des fissures dans les murs, et si elles
ne sont pas aussitôt réparées soigneusement et avec la
plus grande rapidité, elles donnent passage aux liquides cadavériques, et l'air en est empesté.

D'un autre côté, une autre personne m'a assuré
qu'elle n'avait pas remarqué cet inconvénient dans le
cimetière de Barcelone. Je craindrais fort que, sous notre climat humide, des murs exposés à l'air ne fussent
rapidement fendus, quand j'observe ce qui se passe
dans notre dépositoire. On sait que cette salle est formée d'un vestibule, auquel on arrive en descendant
une dizaine de marches environ ; de chaque côté sont

deux petites galeries, dans les murs desquelles sont pratiquées des niches. On y loge des cercueils en chêne doublés de plomb à l'intérieur ; dès qu'on les a placés dans la niche, l'ouverture est close par une porte en forte tôle. Une couche épaisse de chaux, de mortier, recouvre cette porte et son cadre. Au bout de peu de temps, le mortier, la chaux, sont pénétrés par une sanie roussâtre qui s'échappe du cadavre en pleine putréfaction ; le mortier cède, s'écaille, et une longue traînée rouge-brun descend jusque sur le sol en y répandant une odeur infecte. Le sol est couvert de mouches avides, qui pompent ces liquides, ces gaz ; elles y forment un véritable tapis noirâtre. Quelque habitué que je sois à toutes ces puanteurs, je n'ai pu pénétrer dans ces galeries sans être un peu étonné, et désagréablement impressionné par une pareille fétidité. On y mettait du chlore, autrefois ; mais encore il en fallait des quantités notables pour neutraliser les effets de ces exhalaisons, il y avait un fort courant de gaz qui incommodait les fossoyeurs, les faisait tousser, leur piquait les yeux ; ils y ont renoncé. Ce sont ces exhalaisons horriblement méphitiques qui se dégagent à l'extérieur par deux tubes creux d'environ 3 ou 4 pieds de haut qui servent à aérer le dépositoire. Quand la pression atmosphérique est faible, les gaz s'en échappent avec abondance, remplissent le cimetière, sortent par les ouvertures pour pénétrer dans les maisons du voisinage et les infecter. Quel que soit le système de cimetière adopté par l'administration, ce dépositoire réclame une modification immédiate.

Ce que je viens de décrire pour le dépositoire n'est-il pas à craindre pour les murs à niches à l'instar de l'Espagne ? Je le répète, ces graves inconvénients sont à redouter. Sans cela, il faut le reconnaître, les cadavres renfermés dans des espaces étroits parfaitement clos et privés d'air peuvent, si le climat est doux, chaud, passer à l'état de momie sèche. Voilà l'appréciation hygiénique de ce système. Quant à l'économie, sera-t-elle bien supérieure à celle des caveaux que je proposais? On a fait valoir qu'avec ce système on pouvait enterrer un grand nombre de personnes dans un espace restreint. Le système que je préconisais ne le céderait en rien à cet égard au système espagnol : puisque ce seraient les mêmes fosses qui serviraient toujours, le cimetière serait perpétuel. L'augmentation de la population exigerait seule un plus grand nombre de caveaux. Dans les cimetières espagnols, en effet, comme le fait remarquer M. Sansas, un espace de 2 mètres 70 centimètres suffit pour pratiquer cinq sépultures; dans nos cimetières, les fosses doivent avoir 1 mètre 50 centimètres à 2 mètres de profondeur, sur 80 centimètres de largeur, et être distantes l'une de l'autre de 30 à 40 centimètres sur les côtés. On peut juger par là que l'économie de place est bien plus grande dans les cimetières espagnols que dans les nôtres.

D'ailleurs, ce point de vue économique ne peut pas être sérieusement débattu, et en connaissance de cause, à cette place; il nous suffira d'indiquer les desiderata hygiéniques des anciens cimetières, et ce que réclame le progrès dans de nouvelles installations.

En 1865, M. E. Piton, président des sauveteurs médaillés du gouvernement, présenta un projet de cimetière qui nous paraît mériter d'être signalé. Ce système se rapprocherait beaucoup du précédent; il consisterait dans la construction de grands murs souterrains, construits en béton romain composé de chaux, de ciment et silex concassé par petits blocs de quatre à cinq centimètres cubes. (Le silex doit être préféré à la grave lavée.) Ces murs seraient creusés de casiers ou niches dans lesquelles seraient placés les cercueils, enduits de ciment liquide. On commencerait par purifier le casier avec du phénol, puis on y placerait un réchaud chargé de charbons ardents afin d'en chasser l'humidité. Cela fait, on introduirait le cercueil en déposant une lampe allumée auprès de lui, et on procéderait à la fermeture hermétique de la niche.

Si besoin était, on pourrait profiter de la partie supérieure du sol pour y élever des monuments qui seraient eux-mêmes des blocs de béton creusés de casiers, comme les murs souterrains. De même que dans les cimetières espagnols, les deux faces des murs seraient pourvues de ces loges à cercueils ; chaque bloc à niches funéraires serait séparé de son voisin par une large allée.

Il me semble qu'il serait nécessaire de daller et de cimenter soigneusement ce passage et d'y installer des égoûts, l'auteur ne le dit pas, pour éviter que l'eau ne séjourne dans ces couloirs souterrains, et qu'ils ne deviennent de véritables aqueducs ; s'ils n'étaient pas à ciel ouvert, il faudrait voûter ces passages. Je ne sais pas si, dans ces conditions, le prix de ces cimetières ne s'élèverait pas beaucoup.

Il ne faudrait pas comparer les catacombes artificielles avec celles qui sont construites dans d'anciennes carrières, et qui sont toutes faites d'avance, que quelques travaux suffisent pour mettre à même de recevoir les ossements ou les momies. Les terrains sur lesquels reposent notre ville sont meubles, le roc y est à une grande profondeur ; il faudrait donc absolument y construire de toutes pièces, en pierres dures, cimentées, des voûtes et un sol. Les systèmes que nous venons d'expo-

ser nous semblent avoir le grand avantage, au point de
vue de l'hygiène publique, d'éviter la putréfaction des
cadavres, soit en les brûlant par la chaux, soit en les
momifiant. C'est donc plus particulièrement suivant ce
plan ou l'un de ceux indiqués plus haut que devrait
être construit le nouveau cimetière dont Bordeaux a
un pressant besoin. M. Piton avait offert autrefois à la
ville d'entreprendre la construction d'un cimetière
suivant son système, à ses risques et périls. Pourquoi
ne serait-il pas autorisé, encouragé à mettre à exécution
son projet ?

Dans la mise en pratique des systèmes signalés plus
haut, la fosse commune serait supprimée. La fosse commune devrait à plus d'un titre disparaître. Au point de
vue hygiénique, tous ces cercueils placés côte à côte,
dans une tranchée de 1 mètre 50 à 2 mètres de profondeur, sont dans de mauvaises conditions pour que la
terre qui les environne puisse absorber les produits de
la putréfaction des cadavres qu'ils renferment. Ceux-ci
sont trop nombreux pour la petite quantité de terre
qui les recouvre. C'est donc une fâcheuse chose, qu'il y
a lieu de supprimer. La ville devrait se charger des
frais d'inhumation de ceux qui meurent dans une indi-
gence absolue.

Les maisons mortuaires destinées à garder les cadavres jusqu'à la putréfaction ont été adoptées dans quelques parties de l'Allemagne, afin d'éviter les inhumations précipitées.

L'installation de ces maisons nous semblerait une
utile innovation pour le double motif d'éviter des inhumations précipitées et pour empêcher un séjour de 24
heures des cadavres dans l'intérieur des maisons de la
ville. En Allemagne, on laisse assez longtemps les morts
dans ces maisons mortuaires pour qu'ils entrent en pleine

putréfaction. Ces dépôts deviennent alors très infects et dangereux pour la salubrité publique. Avant d'être en pleine évolution, douze, quatorze heures d'avance, la putréfaction s'annonce par des signes certains, qui ne laissent plus de doutes sur la mort du sujet et qui permettent de l'inhumer.

Ces maisons mortuaires nous paraissent avoir le grand avantage d'éviter dans l'intérieur de la ville le séjour des cadavres. On pourrait, comme en Espagne, décider qu'à l'avenir, deux heures après la mort, tout cadavre serait porté à la maison mortuaire et son inhumation définitive pratiquée dès l'apparition des signes précurseurs de la putréfaction. A ce moment, la famille serait informée, et celle-ci inviterait à son tour les amis du défunt pour procéder à l'achèvement de la cérémonie mortuaire.

L'institution de ces nouvelles mesures susciterait bien peut-être quelques réclamations, mais elles ne tarderaient pas à être acceptées par tous parce qu'elles ont pour fondement des raisons sérieuses.

Au terme de ce travail, qui, malgré sa longueur, n'a fait qu'effleurer cet important sujet de l'hygiène, nous ne pouvons nous empêcher d'appeler l'attention de l'administration sur le personnel des cimetières. Le chef fossoyeur gagne environ de 12 à 15,000 fr. pour une besogne qu'un piqueur aux gages de la ville ferait volontiers pour 3,000 fr.

A côté de cette entreprise si largement payée, nous voyons les malheureux fossoyeurs gagner pour leur triste besogne la modique somme de 3 fr. Les gardes du cimetière, tous anciens militaires, touchent à peine cinq ou six cents francs de salaire par an. Grâce à l'économie faite en supprimant cet entrepreneur des fosses, on pourrait augmenter le nombre de ces indis-

pensables gardiens et élever leurs émoluments. Mieux
rétribués et plus nombreux, ils veilleraient attentive-
ment à la garde des tombeaux, et le cimetière ne serait
pas, comme aujourd'hui, le théâtre de vols incessants.

Nous résumerons dans les conclusions suivantes les
différents points qui ont été traités dans le courant de
ce travail.

CONCLUSIONS.

—

1° Chez tous les peuples anciens et modernes qui ont
rendu un culte à la mémoire des morts, des lois spé-
ciales ont prescrit, quand la crémation n'était pas en
usage, que les lieux consacrés à la sépulture des cadavres seraient placés hors des villes. Les infractions à
cette loi ont amené des catastrophes qui ont nécessité
de nouvelles lois pour que cette mesure protectrice
de la santé publique fût rigoureusement exécutée.

2° Des exemples nombreux empruntés à des sources
diverses ont démontré tous les dangers pour l'homme
de la putréfaction dans des espaces clos ou en plein
air. L'empoisonnement qui est la conséquence du méphitisme peut se manifester d'une manière aiguë ou
chronique. Les exhalaisons pestilentielles des cimetières, quand elles n'ont pas directement provoqué des
maladies épidémiques, ont aggravé dans une certaine
mesure les maladies sporadiques, endémiques et les
épidémies régnantes.

3° Il est du devoir des édiles d'une cité de veiller à ce que les mesures d'hygiène qui regardent les cimetières, soient strictemeut exécutées.

Ils doivent, dans l'installation d'un nouveau champ de sépulture, s'inspirer des données de la science pour choisir un terrain orienté de telle façon que les vents qui soufflent de ce terrain vers la ville soient les moins fréquents, que la terre soit la plus apte de toutes celles qui environnent la cité à amener la destruction des cadavres. Le champ d'inhumation sera, en outre, placé au moins à cinq cents mètres de la ville, et aucune habitation ne pourra être construite qu'à la distance de cent mètres.

Si on peut mettre le cimetière derrière une colline, un cours d'eau large et rapide, un petit bois, il faudra utiliser cette situation ; mais on devra le tenir éloigné des puits, des sources, des petits ruisseaux, des terrains humides.

Cette dernière condition devra être strictement remplie; et si par hasard il y avait lieu de craindre l'infiltration des eaux pluviales, il faudrait sérieusement drainer non-seulement le sol des allées, mais le sous-sol des tombes.

Les cimetières seront entourés de hautes murailles doublées à leur intérieur de trois rangées d'arbres. Ces arbres, ainsi que ceux qui seront plantés dans le cimetière, seront des arbres résineux de préférence, dont les branches n'ont pas de tendance à s'étendre horizontalement, et qui ont des racines pivotantes.

Ces arbres seront espacés et rares. Des semis de ray-grass, et de luzerne après, pourront être jetés sur le sol des tombes pour absorber les sucs cadavériques.

Un arrêté de police défendra d'élever dans les cimetières des chapelles et autres monuments funéraires qui dépasseraient le sol de plus de cinquante centimètres. Les chapelles, les monuments, ont l'inconvénient de servir de réservoirs aux gaz méphitiques des caveaux, qui s'échappent très facilement de tous les joints des pierres les mieux cimentées, ainsi que le prouvent les expériences de M. Pellieux.

Les fosses seront creusées, les cercueils seront construits comme par le passé. Les cercueils qui doivent être laissés au dépositoire seront faits en tôle galvanisée.

4° Il serait désirable que le Conseil municipal de Bordeaux prît l'initiative de rompre avec les errements du passé, et de faire un cimetière qui pût mieux satisfaire aux exigences de l'hygiène moderne.

Des divers systèmes que nous exposons, celui qui rappellerait les *campo-santo* de l'Italie nous semble mériter la préférence au point de vue économique et hygiénique.

5° Il serait très désirable que, dans le nouveau cimetière, on installât une chambre mortuaire, afin qu'aucune inhumation précipitée ne fût à craindre, l'incertitude des signes précis de la mort, hors la putréfaction, n'ayant pas encore reçu de solution vraiment sérieuse.

6° Diverses réformes touchant les exhumations, le personnel des cimetières, devraient être accomplies, dans l'intérêt des deniers de la ville, de la bonne direction des travaux de sépulture et de la santé publique, et pour assurer à l'asile de la mort le respect qui lui est dû.

Bordeaux.—Imp. G. Gounouilhou, rue Guiraude, 11.

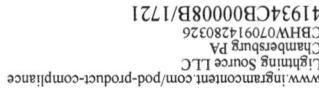